城市轨道交通运营
与供电系统运行探索

李占宇　张静静　刘　馨◎著

吉林科学技术出版社

图书在版编目（CIP）数据

城市轨道交通运营与供电系统运行探索 / 李占宇，
张静静，刘馨著. -- 长春：吉林科学技术出版社，
2023.6

ISBN 978-7-5744-0609-4

Ⅰ．①城… Ⅱ．①李… ②张… ③刘… Ⅲ．①城市铁
路－交通运输管理－研究②城市铁路－供电系统－研究
Ⅳ．①U239.5

中国国家版本馆CIP数据核字(2023)第130782号

城市轨道交通运营与供电系统运行探索

著	李占宇　张静静　刘　馨
出 版 人	宛　霞
责任编辑	穆　楠
封面设计	金熙腾达
制　版	金熙腾达
幅面尺寸	185mm×260mm
开　本	16
字　数	281 千字
印　张	12.5
印　数	1–1500 册
版　次	2023年6月第1版
印　次	2024年2月第1次印刷

出　版	吉林科学技术出版社
发　行	吉林科学技术出版社
地　址	长春市福祉大路5788号
邮　编	130118
发行部电话/传真	0431-81629529 81629530 81629531
	81629532 81629533 81629534
储运部电话	0431-86059116
编辑部电话	0431-81629518
印　刷	三河市嵩川印刷有限公司

书　号	ISBN 978-7-5744-0609-4
定　价	75.00元

前　言

随着城市化进程的快速发展，城市交通需求持续增长，城市道路交通拥挤、交通事故及交通污染等问题日益加剧。解决城市交通问题的根本出路在于优先发展以轨道交通为骨干的城市公共交通系统。在城市客运交通领域，在"以人为本、公交优先"的方针指引下，城市轨道交通因具有运量大、速度快、安全准点、保护环境、节约能源和用地等优点，深受人民群众的欢迎，已成为广大市民出行的首选。

供电系统作为城市轨道交通的重要组成部分，为城市轨道交通安全、稳定运行提供了基本保障。随着技术的发展，大量先进的设备投入使用，加速了城市轨道交通自动化、远动化和智能化的发展，同时对城市轨道交通供电系统的运行维护人员在知识上和技能上也提出了更高的要求。

本书首先介绍了城市轨道交通的类型、轨道交通供电系统、轨道交通运营等基础知识。随后系统地论述了城市轨道交通运输计划、交通运输能力、交通行车调度、客运管理、票务管理、交通运营安全保障以及交通运营行车事故的预防与处理，力求从不同角度解析城市轨道交通所要解决的安全问题和基础知识，尽可能适应我国各地城市轨道建设需要。接着对外部电源、中压网络、牵引供电系统、动力照明系统、综合接地系统、过电压保护系统等城市轨道交通供电系统的功能需求、结构原理等做了详细的讲解。最后探讨了城市智能交通系统的概念与规划设计，充分反映城市智能交通系统在我国的建设应用实践，达到了宏观与微观的有机结合。本书可作为城市轨道交通供电设计、制造、工程、维护、运行等技术人员的参考书，也可作为中、高等院校相关专业的教科书和培训教材。

鉴于编写人员技术水平及实践经验的局限性，对各种问题的分析和处理不免有偏颇之处，敬请同行专家和广大读者指教匡正，以便今后修订和完善。

作者

2023 年 5 月

目 录

第一章　城市轨道交通概述

第一节　城市轨道交通类型

一、城市轨道交通的概念

（一）城市轨道交通的定义

城市交通是城市发展的产物，是为城市服务的重要环节，是城市基础设施的重要组成部分，也是城市可持续发展的基本保障。城市轨道交通是城市公共交通的一个重要组成部分，随着城市的不断发展，它逐渐成为城市中最主要的交通工具。

我国国家标准《城市公共交通常用名词术语》将城市轨道交通定义为"通常以电能为动力，采取轮轨运输方式的快速大运量公共交通的总称"。在城市中使用车辆在固定导轨上运行并主要用于城市客运的交通系统均称为城市轨道交通。

（二）城市轨道交通的特点

与其他交通方式相比较，城市轨道交通具有无可比拟的优势，主要体现在运能大、速度快、能耗低、污染少、可靠性高、舒适性好和占地面积少等方面。

城市轨道交通虽然有许多优点，但在具体的发展过程中还存在建设投资巨大、线路建成后不易调整、运营成本高、经济效益有限等局限性。

（三）城市轨道交通系统的组成

城市轨道交通系统犹如一台"大联动机"，各种设备相互联系、相互制约。只有城市轨道交通各种设备及其相互关系均处于正常状态，"大联动机"才能正常运转。

城市轨道交通必须具有线路设备，作为车辆和列车运行的基础；在城市轨道交通沿线还须设置各种类型的车站，作为办理乘客乘降作业的基地；拥有大量质量良好的列车，作为运送乘客的工具；拥有完善的供电系统，作为列车的运行动力来源，为维持运营提供必要的动力和照明用电。同时，为了确保行车安全和提高运输效率，城市轨道交通必须设置一套完备的、现代化的信号及通信设备，作为运输调度集中与统一指挥的工具。因此，城市轨道交通线路、车站、车辆、信号及通信设备就成为城市轨道交通运输的基本设备。城市轨道交通很多线路和车站在地下，需要大量的机电设备保证乘车环境，需要完备的监控系统保证运行安全。城市轨道交通还必须设置各种必要的检修场所，并配备相应的检修机具，以便对上述各项基本设备进行检修，使它们处于良好状态，确保运输工作顺利进行。

二、城市轨道交通的分类

城市轨道交通系统包括地铁系统、轻轨系统、单轨系统、有轨电车、磁浮系统、自动导向轨道系统、市域快速轨道系统。

（一）地铁系统

地铁系统，又称为地下铁道，其原始含义是修建在地下隧道中的铁路。随着地下铁道的发展，其线路布置已不再局限于地下隧道中，而是根据需要也可以布置在地面或采用高架的方式修建，但城区内的线路还是以地下为主。

地铁系统是一种大运量的轨道运输系统，单向高峰小时最大断面客流量在3万～7万人次。一般情况下，线路实行全封闭，可实现信号控制的自动化，适用于客运量较大的城市中心区域。

（二）轻轨系统

轻轨的原始含义是指车辆运行的线路所使用的钢轨比重型地铁所使用的钢轨轻。由于钢轨铁路的钢轨较轻，其整体的技术标准也低于地铁，因而轻轨的运输能力也远远小于地铁。早期的轻轨一般是直接由旧式有轨电车系统改建而成。在20世纪70年代后期，一些国家开始修建全新的现代轻轨系统，使得轻轨系统的行车速度、舒适程度得到了很大的改善。

轻轨系统是一种中运量的轨道运输系统，单向高峰小时最大断面客流量在1万～3万人次。轻轨系统主要在城市地面或高架桥上运行，线路采用地面专用轨道或高架轨道，遇繁华街区，也可进入地下或与地铁接轨。轻轨的服务内容主要是连接市区与郊区，用于构建市区与重点郊区的大运能通道。

（三）单轨系统

单轨系统是车辆或列车在单一轨道梁上运行的城市客运交通系统。单轨系统的线路通常采用高架结构，车辆则大多采用橡胶轮胎。从构造形式上单轨还可分为跨座式单轨与悬挂式单轨两种。跨座式单轨是列车跨坐在轨道梁上运行的形式，而悬挂式单轨则是列车悬挂在轨道梁下运行的形式。

单轨系统是一种中运量的轨道运输系统，适用于单向高峰小时最大断面客流量 1 万～3 万人次的交通走廊。其占地面积很少，与其他交通方式完全隔离，运行安全可靠，建设适应性较强。单轨系统的主要使用范围如下：

①城市道路高差较大，道路半径小，线路地形条件较差的地区。

②旧城改造已基本完成，而该地区的城市道路又比较窄。

③大量客流集散点的接驳线路。

④市郊居民与市区之间的联络线。

⑤旅游区域内景点之间的联络线、旅游观光线路等。

（四）有轨电车

有轨电车是使用电车牵引、轻轨导向、1～3 辆编组运行在城市路面线路上的轨道交通系统。有轨电车的轨道主要铺设在城市道路路面上，车辆与其他地面交通混合运行，根据街道条件，又可分为以下三种情况：

①混合车道。

②半封闭专用车道（在道路平交道口处，采用优先通行信号）。

③全封闭专用车道（在道路平交道口处，采用立体交叉方式通过）。

有轨电车是一种低运量的城市轨道交通系统，单向高峰小时最大断面客流量一般在 1 万人次以下。由于与其他车辆混合运行，运行速度较慢，一般在 10～20km/h。目前，有些旧式有轨电车已经改造成了新式轻轨。

（五）磁浮系统

磁浮系统起源于人们对速度的追求，轮轨极限速度一般是 300～380 km/h，要想超越这一速度运行，必须采取不依赖于轮轨的新式运输系统。1922 年，德国人提出了电磁悬浮原理，并于 1934 年申请了磁浮列车的专利——"通过磁场达到悬浮并沿铁路轨道行驶的无轮车辆组成的悬浮列车"。磁浮列车实际上是依靠电磁吸力或电动斥力将列车悬浮于空中，它的速度可达到 500 km/h 以上，是当今世界上最快的地面客运交通工具，有速度快、爬坡能力强、能耗低的优点。

目前，磁浮系统主要有两种基本类型：一种是高速磁浮系统，其最高行车速度可达500 km/h；另一种是中低速磁浮系统，其最高行车速度为 100 km/h。高速磁浮系统由于行车速度很高，通常适于站间距离不小于 30 km 的城市之间远程线路客运交通。中低速磁浮系统由于行车速度相对较低,对于城市区域内站间距大于 1 km 的中、短程客运交通线路较为适宜。

磁浮系统是一种中等运量的轨道运输系统,适用于单向高峰小时最大断面客流量在 1.5 万~3 万人次的交通走廊。磁浮系统列车主要在高架桥上运行,特殊地段也可在地面或地下隧道中运行。

(六) 自动导向轨道系统

自动导向轨道系统是一种中运量轨道运输系统,由于其列车沿着特制的导向装置行驶,车辆运行和车站采用计算机控制,可实现全自动化和无人驾驶技术,通常在繁华市区线路可采用地下线路,市区边缘或郊外宜采用高架线路。自动导向轨道系统适用于城市机场线或城市中客流相对集中的点对点运营线路,必要时中间可设少量停靠站。

(七) 市域快速轨道系统

市域快速轨道系统是一种大运量的轨道运输系统,客运量可达 20 万~45 万人次/日 (一般不采用单向高峰小时最大客流量的概念)。市域快速轨道系统适用于城市区域内重大经济区之间中长距离的客运交通。市域快速轨道交通列车主要在地面或高架桥上运行,必要时也可采用隧道。由于市域快速轨道系统线路长、站间距大,可选用运行速度在 120 km/h 以上的快速专用列车。

第二节 城市轨道交通供电

供电系统是城市轨道交通系统运转的重要保障。列车和运营服务的机电设备,包括通风、空调、照明、通信、信号、防灾报警、电梯等,都依赖电能运行。

电网一次电力系统由国家电力部门建造与管理,以 110 kV 或 220 kV 的高压,通过三相传输线将电能输送到区域变电所。区域变电所将高压经降压变压器进行降压(如 10 kV 或 35 kV),输送给各区域内的牵引变电所和降压变电所,并再次降压为城市轨道交通所需的电压等级(直流 750 V 或 1 500 V)。

一、城市电网一次电力系统

城市电网一次电力系统主要由发电厂(站)、传输线路、区域变电所(主变电所)等组成。

（一）发电厂（站）

发电厂（站）是将各种形式的能源转换成电能的特殊工厂，分为火力、水力、核动力等各种能源发电厂（站）。

（二）传输线路

电力输电线路是电能的传输通道，是发电厂、变/配电所、电能用户三者的联系纽带。一般发电厂都远离电力负荷，须升压为高压电压（110 kV 或 220 kV）甚至超高压等更高等级电压，满足远程输送需要。

（三）区域变电所（主变电所）

区域变电所（主变电所）对城市电网是用户，对城市轨道交通供电系统是电源，它担负着将城市电网高压电变成牵引供电系统和变配电系统所需要的电压等级（如 35 kV 或 10 kV），通过三相传输线输送到本供电区域内各个用电部门的变电所，再次降压或整流为所需电压等级（如 380 V 交流、1 500 V 直流等）的重任。

城市轨道交通是一个重要的用电部门，其牵引用电负荷应为一级负荷；动力照明等用电负荷应按供电可靠性要求及失电影响程度分为一级负荷、二级负荷、三级负荷。一级负荷供电中断将影响地铁的正常运行和安全运营，必须采用双电源双回线路供电。当其中任何一路电源发生故障时，另一路应能保证一级负荷的全部用电的需要。

因此，城市轨道交通牵引变电所的电源进线来自两个区域变电所或来自一个区域变电所的两路独立电源，当一路电源失压时，另一路电源即自动切入，使轨道交通系统能获得不间断的电源。

二、城市轨道交通供电系统

城市轨道交通供电系统包括外部电源、主变电所（或电源开闭所）、牵引供电系统、动力照明供电系统、电力监控系统。其中牵引供电系统包括牵引变电所和牵引网两大部分。

①牵引变电所：供给城市轨道交通一定运行区段内牵引电能的变电所。

②接触网（架空线或接触轨）：经过受电器向列车供给电能的导电网。

③回流线：用以供牵引电流返回牵引变电所的导线。

④馈电线：从牵引变电所向接触网输送牵引电能的导线。

⑤电分段：为便于检修和缩小事故范围而将接触网分成的若干段。

⑥轨道电路：利用走行轨作为牵引电流网流的电路。

三、供电方式

城市轨道交通的供电方式主要有集中式供电、分散式供电和混合式供电三种。

（一）集中式供电

沿城市轨道交通线路走向，根据用电容量和线路的长短设置专用的主变电所，由主变电所将城市电力变压为内部供电系统所需的电压，这种供电方案为集中式供电。主变电所电压一般为 110 kV，应有两路独立的 110 kV 供电电源，内部供电系统一般为 10 kV 或 35 kV。一般来说，在客流量大的情况下采用集中式供电较为合适。

（二）分散式供电

不设主变电站，由城市电网的 35 kV 或 10 kV 电源直接向沿线设置的牵引、降压变电所供电并形成环网，这种方式称为分散式供电。分散式供电应保证每座牵引变电所和降压变电所都能获得双路电源。

（三）混合式供电

混合式供电是集中式和分散式两种供电方式的结合，以集中式供电为主。个别地段引入城市电网电源作为集中式供电的补充，使供电系统更加完善和可靠。

三种供电方式中，目前采用较多的是集中式供电。其优点主要是能更好地利用城市电网的基础条件。而分散供电方式不需要主变电所，城市轨道交通供电系统建设费用和长期运营费用均可减少，有利于资源的合理配置。因此，地铁外部电源方案应根据城市轨道交通线网规划、城市电网现状及规划、城市规划进行设计。

第三节　城市轨道交通运营

一、城市轨道交通的运营特性

城市轨道交通是一个庞大而复杂的技术系统，其专业涵盖了土建、机械、电机电器、自动控制、运输组织等技术范畴。从运营功能看，城市轨道交通大体可分为三大系统。

①列车运行系统：线路、车辆、牵引供电、通信信号、控制中心等。

②客运服务系统：车站、自动售检票、导向标识、消防环控、火灾报警、给排水等。

③检修保障系统：为保障城市轨道交通设备性能良好，应具备的检修手段及检修能力等。

（一）系统联动

城市轨道交通系统建设和运营的目的是为乘客提供快速、安全、准时、舒适、便利的运输服务，使乘客能够顺利地进站购票乘车、安全而舒适地旅行、快速而准确地到达目的地。

城市轨道交通三大系统同时正常、协调地运行是安全运行和优质服务的基础。各种设备之间在正常运行时均有相互依托的关系，同时要求设备之间有严格的技术配合，如列车和钢轨、列车和接触网、列车和信号、列车和通信、供电和通信信号、通信和信号、供电和自动售检票等。

可以说在列车运行时，各种设备相互之间环环相扣，共同保证列车正常运行和良好服务。任何一环发生故障均会不同程度地使列车的正常运行受到影响，严重的甚至造成列车停运。这些设施、设备系统在建设阶段和停运检修时是各自独立的个体，一旦建成或修复投入运行，它们就像链轮和链条，共同维持城市轨道交通的正常运行。

（二）时空关联

列车运行是根据乘客的出行需要安排的，大中城市要求高速度、高密度的列车运行来为市民出行服务。因此，城市轨道交通的旅行速度在市中心一般设计为 35～40km/h，市郊为 60km/h 以上，最小行车间隔为 2min。

城市轨道交通的产品是乘客的位移，对时间和空间的概念尤为重要。在城市轨道交通运营中，由于时间和空间不可存储，一旦失去势必造成列车运行晚点，严重时会发生事故。

具体来说，一旦运行的车辆、设备故障影响到列车的正常运行，必须立即处理，尽快恢复正常，确保列车运行。安装在车站的设备，白天的检修与故障处理也要定时、定点；线路设备检修、巡视等工作一般安排在夜间进行。各专业的检修要提前计划，经批准后才能进行。进入区间时要取得调度命令，根据调度命令登记好开工时间及结束时间、进行工作的区间工作范围（上、下行，里程等），工作必须按时完成。由于各专业维修均在夜间作业，夜间允许检修工作的时间又很短（一般为 24：00～4：00），有时还须开行施工列车，有时须停电，因此，维修作业要统一组织，并按时完成，否则就可能发生人员或设备事故或者影响列车的正常运行。

有些设备检修只要单一专业就可以完成，而有些设备的检修需要专业之间相互渗透，有关专业人员须同时到场联合作业，如车辆检查时，车辆、通信、信号检修人员要同时到场，并排定三者的作业程序。因此，对于城市轨道交通运营企业，时间和空间是必备的基本概念。

（三）统一指挥

多专业多工种联合运行，对时间和空间的概念要求非常高，要严格、高效的统一指挥。

控制中心就是为行车工作的统一而设置的。控制中心一般设在城市轨道交通线路的中部，包括列车自动监控系统（ATS）、供电系统（SCADA）、环控系统（FAS、BAS）、主机及显示屏、通信系统等设备。列车运行时由行车调度员、电力调度员、环控调度员分别担任行车系统、供电系统及环控系统的调度指挥。

正常情况下，城市轨道交通的自动化系统均由系统主机按设定的模式运行，列车在驾驶员的监护及必要的操作下正常行驶。同时运行的信息如列车位置、列车间隔及是否偏离设定的运行图、供电及环控系统运行状态均在显示屏上实时显示，调度员可随时监视、掌握列车及有关系统运行状况。调度员还可以利用有线及无线通信系统随时和有关人员（列车驾驶员，行车、供电、环控等系统运营值班人员）通话以了解有关情况。

发生一般问题，如列车晚点、供电设备故障等，系统自动调整运行或自动进行设备切换运行。遇有重大事故，如列车故障停运或牵引供电设备故障停运等，则由各专业调度员按照预案或紧急抢修方案有步骤地指挥有关的列车驾驶员、车站行车值班员、牵引变电所值班员、环控值班人员、事故现场抢修人员等，采取必要的措施迅速进行抢修。有关车站按照命令进行客运组织工作，在确保乘客安全的前提下，尽快恢复设备和保障列车的正常运行。必要时一边抢修，一边组织小交路行车，以缩小事故影响范围和疏散滞留的乘客。

当然，无论是列车运行图、各设备系统正常运行模式，还是事故处理预案等调度员据以进行每天正常指挥或事故抢修的文件，都是运营公司决策机构经过市场调查及服务水平的要求，阶段性地研究制定的。除极特殊的情况外，控制中心无权改变。因此，严格地说，运营决策机构和控制中心的有机结合形成了城市轨道交通的运营统一指挥中心。

（四）严格管理

某一系统的管理是建立在该系统的技术基础上的，但任何先进的技术设备都不可能完全取代管理。对城市轨道交通运营企业而言，技术管理的核心是规章制度，它是规范人员生产活动的行为准则，各岗位人员只有严格执行规章制度才能使城市轨道交通系统有序、安全而高效地运转。反之，系统运转就会受到阻碍，从而降低效率，甚至发生事故，造成严重后果。

企业规章制度是有层次的，如具有"企业宪法"性质的《技术管理规程》（简称《技规》），其内容规定城市轨道交通的运营宗旨、技术规范、服务要求、管理规则、指挥系统等运营系统的规则及带有规律性的问题，以统领和规范列车运行、客运服务、检修保障三大系统的生产活动。随着运营规模、运营技术、社会环境的发展，《技规》应及时修改，使其符合运营实际，以保持其统领和规范作用。

具有系统性规范性质的规章有《行车组织规则》《客运组织规则》《调度规则》《安全规则》《事故处理规则》及《运行检修规则》等。这些规则是在《技规》指导之下，在各系统设备技术基础上制定的，以规范各系统的日常生产活动。如《行车组织规则》是列车运行系统的行为规则，可以在列车、线路、车站设施、信号及通信系统的技术基础上，在列车不同的运行模式（如正常、晚点、故障等）下规范调度员、列车驾驶员、车站及各设备系统值班人员的活动，以及进行活动所必须办理的手续。

一系列的规章制度涵盖了运营系统的每一个技术角落，使得日常运营和故障处理均有章可循，从而保证城市轨道交通运营正常运行，更好地保证"城市动脉"的畅通和社会的发展。

（五）网络化运营

随着管辖线路里程和线路数量的不断增加，城市轨道交通系统由简单的单线系统逐步形成网络化系统，由单线运营模式迈入网络化运营时代。网络化运营随之带来了许多新问题，如网络化运营管理体制、换乘枢纽的管理、系统互联互通、设施设备资源共享、线路间运力协调、运营组织配合等。

在城市轨道交通网络上，线路、车辆及信号等制式往往多样化，设有大型的换乘枢纽、折返系统、车辆段等大型基础设施。通过这些设施使线路之间实现互联互通、资源共享，从而满足城市交通和乘客出行的需求。

二、城市轨道交通运营管理模式

（一）城市轨道交通运营管理模式分类

由于世界各个城市发展轨道交通的历史条件和经营环境不同，形成了各种各样的城市轨道交通管理模式。

1. 按所有权与经营权的关系分类

从所有权与经营权的关系上来看，城市轨道交通运营管理模式可分为国有国营模式、国有民营模式、公私合营模式和民有民营模式等。

（1）国有国营模式

国有国营模式可分为无竞争条件下的国有国营模式和有竞争条件下的国有国营模式两种。无竞争条件下的国有国营模式是指由政府负责轨道交通的投资、建设，所有权归政府所有，运营由政府部门或国有企业负责，代表城市有纽约、柏林、巴黎、莫斯科、北京、广州等，世界上绝大多数城市都采用此种模式。有竞争条件下的国有国营模式是指政府出资建设，国有企业通过竞争取得运营权，代表城市有首尔。

（2）国有民营模式

国有民营模式是指城市轨道交通的线路完全由政府投资建设，建成后委托企业负责运营管理，代表城市有新加坡。

国有民营模式把市场机制引入轨道交通的运营管理，实行市场化运作，降低了运营成本，使公司提高自身服务管理水平，实现市场盈利，降低了政府的财政压力。该模式适用于客流量大、市场化程度较高、市场环境和市场机制较好的城市，因为这样的城市才能给予运营公司盈利的空间，私营企业才能有足够的积极性。

（3）公私合营模式

公私合营模式是指由政府与企业共同出资设立公司，负责城市轨道交通的投资、建设和运营，代表地有英国伦敦、中国香港。

公私合营模式使公司在建设与经营的同时都要重视企业的盈利问题，轨道交通企业市场化运作，以降低成本增加收入为目标，不断提高自身的服务质量和管理水平，保障了公众能得到优质的运输服务，而且政府的参与也能保证轨道交通的福利性。这种模式适用于客流量很大、混合经济多，且能保证投资渠道通畅的城市。

（4）民有民营模式

民有民营模式是指由私人集团投资建设，并由私人集团经营，代表城市有曼谷。

民有民营模式能最大限度地激发私人投资者的兴趣，但在票价、线路走向等敏感问题上政府与私人投资者不可避免地发生冲突，政府难以保证城市轨道交通作为公共福利事业的本质。城市轨道交通的投资回收期长，私人投资者要有在头几年亏损的情况下偿还贷款利息的心理准备。这种模式会激发私人投资者严格控制建设和运营成本。

2. 按城市轨道交通的管理方式分类

城市轨道交通项目主要包括投融资、建设、运营及监管四项业务。因此，从对城市轨道交通四项业务的管理方式来看，运营管理模式可以分为一体化和专业化两种运营管理模式。

（1）一体化模式

一体化模式是集城市轨道交通投融资、建设、运营、沿线商业开发统一运作的公司制模式，如广州地铁。其特点是，根据每项职能设立部门，城市轨道交通建设、运营为主要业务，房地产、广告等商业经营为辅助业务。

一体化模式的优点：①地铁各种资源高度集中，有利于各方面资源的共享，资源配置的成本低；②投融资、建设、运营作为公司内部的几项工作，便于协调、分工；③客运主营业务与商业等辅助业务可以合并收入，实现合理避税。

一体化模式的缺点：①承担职能太多，随着地铁规模的不断扩大，机构庞大，企业管理成本增加，对企业管理水平有极高的要求，不利于大规模的地铁投资、建设、运营；②集建设、运营、沿线商业化开发于一体，权力过于集中、资源过于垄断，不利于地铁建设、运营的投资主体多元化运作，以及市场化竞争格局的形成。

（2）专业化模式

专业化模式是把城市轨道交通的投融资、建设、运营、沿线商业开发分别由专业化的公司来承担。各公司之间可以是以资产为纽带的企业集团形式，也可以是完全相互独立的市场化契约关系，如 2000 年～2004 年期间的上海地铁。

专业化模式的优点：①融资、建设、运营分别成立专业化公司，结构清晰，有利于集中精力完成大规模的建设、运营任务；②有利于地铁建设、运营主体多元化的市场良性竞争格局的形成。缺点是：虽然能合并报表，但各子公司要单独报税，不利于避税。

（二）城市轨道交通运营管理模式的适用性

城市轨道交通的运营管理模式在世界各国呈现出多样化的格局。由于不同的管理模式是在不同的社会环境下发展起来的，在具体选择时应立足城市的实际状况，设计和选择适应具体城市的管理模式，以利于城市轨道交通的可持续发展。

不同的运营管理模式均存在自身的优势与不足，有自己的适应范围。客流量和线路类型是影响城市轨道交通运营管理模式的重要依据。世界主要大城市轨道交通的客流密度见表 1－1。

表 1－1　世界主要大城市轨道交通的客流密度［万人/（km·日）］

城市	伦敦	巴黎	纽约	柏林	香港	首尔	东京	新加坡	上海
客流密度	0.64	1.54	0.8	0.77	2.86	1.75	2.87	1.3	1.64

结合世界主要大城市轨道交通的客流密度进行分析，可以初步得出如下结论：

①当客流密度在 0～1.5 万人/（km·日）时，城市轨道交通缺乏盈利所需的客流，因此需要在政府的扶持下存活，可采用国有国营模式。

②当客流密度在（1.5～2.5）万人/（km·日）时，城市轨道交通基本具备维持运营成本所需的客流且能略有盈利，可考虑采用有竞争条件下的国有国营、国有民营或公私合营模式。

③当客流密度在达到 2.5 万人/（km·日）以上时，可采用国有民营模式。

④如果城市轨道交通的业主（政府）独自承担建设费用，当客流密度大于 1 万人/（km·日）时，可采用国有民营模式。

⑤考虑到市中心地区修建城市轨道交通的成本和物业开发的难度较高，市中心区城市轨道交通线路不宜采用民有民营模式，必须有公共资本参与。民有民营模式最好用于市郊铁路。在市郊铁路，客流密度达到 1.7 万人/（km·日）以上时，就可采用民有民营模式。

三、城市轨道交通运营管理发展趋势

（一）由一条线路独立运营向多线甚至网络化运营管理过渡

目前我国大部分城市轨道交通线路还未成网络，还未发展到多线联通、联运，更没有构成线路网络，缺乏网络运营的经验。但随着建设规模的扩大及投入运营线路的增多，多线联通联运的可能性在增加，这也是城市轨道交通建设和发展的必然趋势。

在由一条线路独立运营向多线甚至网络化运营管理过渡时，对技术装备应该有如下要求。

①在线路间实现联通、联运时，以相邻两线为宜，线路过多会使运营管理复杂化。列车跨线运行时，须铺画跨线运行图，并拟定列车跨线行车安全规则。

②车辆段设置，在相邻线路间可实现两线一段或多线一段，不再是一线一段，以实现车辆统一调配、统一运转、统一计划维修，从而达到车辆运用和维修的资源共享目的。

③相关线路的信号制式兼容，不能出现不同线路 ATC 制式不同的现象，而应该采用统一的信号制式，实现各线的联通联运，为网络化运营管理创造条件。

④通信设备统一组网。通信传输网络可以使用开放运输网络，或者使用同步数字系列方式、接入网方式，以传递整个系统的信息、图像、文字及多媒体等公用信息，保障多线运营或网络运营中的行车指挥、列车控制、牵引供电及对控制中心中系统监控的执行，包括维修人员、办公室工作人员、车辆段、车站、车库、隧道内部电话等方面基础网络系统的通信联络需要。

⑤运营控制中心（OCC）的运作办法将发生变化，除原有的一线一个行车指挥中心外，应设置监控应急指挥中心（TCC），统一调控各联网线路的分指挥中心中的列车运行调度、电力监控（SCADA）、车辆调度、防灾报警（FAS）、车站管理/旅客服务（BAS）、票务管理自动售检票（AFC）、列车自动控制（ATC）等。总行车指挥中心与分行车指挥中心间的关系如国家铁路中的铁路局调度所与原分局调度所之间的关系，分行车指挥中心受总行车指挥中心的业务指导和领导。

（二）城市轨道交通与铁路枢纽线路之间的过轨运输

为减少乘客换乘，提高直达率，给乘客提供方便出行条件，国外许多国家都有地铁、轻轨与铁路枢纽过轨运输的范例，从而扩大了城市轨道交通的吸引范围和乘客的出行范围。

我国大城市中有充足的铁路枢纽线路，如北京枢纽有铁路正线 650 km，沈阳枢纽有260 km，天津枢纽有 208 km，上海枢纽有 208 km，广州枢纽有 100 km 等，并且有城市轨道交通与铁路枢纽线路过轨的条件。例如，北京西直门—回龙观—东直门的城铁 13 号线，就有过借道北京铁路枢纽的京包线的北京北站至回龙观段、枢纽东北环线、望京—和平里支线的方案，可惜最终未能实现，实为憾事。

（三）城市轨道交通列车运行组织将发生较大变化

我国城市轨道交通中的列车运行组织一般来说都是追踪运行，没有快慢车的越行，一样的速度、一样的停站。但随着市域快线的修建，列车速度将有所变化，而不是一律以最高速度 80 km/h 运行。

今后完全有可能实行不同的行车区域有不同的最高运行速度，如市区站距短，最高速度可达 80 km/h；近郊站距稍长，最高速度可达 100 km/h；远郊站距可适当延长，最高速度可达 120 km/h。在客流不均衡的情况下，对于某些车站可配置越行线路，供越行列车通过，从而产生列车越行的情况。如美国纽约地铁在运营管理方面，采取开行快车（非每站都停）、慢车（站站停）的方法，以提高运营效率，同时也满足长距离乘客希望快速到达的需求。

目前我国城市轨道交通列车编组一般为 4～6 辆，国外地铁最大编组可达 10 辆。但为了乘客乘车方便，使候车时间最短，在满足高峰小时客流的前提下，采取高密度的列车运行组织方式将成为趋势。

（四）实行城市公共交通一体化管理

随着我国大型城市公共交通换乘枢纽的建立，为城市轨道交通与城市公共交通实行一体化管理创造了条件。如北京的西直门、东直门、四惠，上海的新客站、火车南站，广州的广州火车站和广州东站等，在这些大型公交枢纽站上，往往有多条城轨线路会聚在一起，其中有地铁、国铁、机场快速铁路、公共电汽车、出租车等，从而组成了立体公交网络，为乘客的零距离换乘创造了条件。

为有效地利用资源与方便乘客乘车，有必要对城市轨道交通、市郊铁路、地面公交车，甚至通往机场的快速铁路，建立起一体化的管理机构和统一管理机制，如统一运行图、统一票价票制、相互换乘。如德国、法国、美国等那样，由市交通管理或由城市地方其他交通管理部门牵头组织，由此体现出人性化的管理方法和以人为本的宗旨。

（五）城市轨道交通的票务管理规模扩大

现行城市轨道交通票务管理规模多采用两级管理，即车站、线路（公司）两级。其中车站一级，其职责为组织售票和车站售票统计、票款统计；线路（公司）一级，其职责为确定票价、票制，制定票务管理办法，统计票款收入、客运量及各项运营指标，并进行年度财务核算、经济评价等。

当多线运营或成网运营后，可能由于各线管理体制的不同，所属公司不一，线路票价的差异，增加许多线路间的票款核算问题。因此，城市轨道交通票务管理的内容和管理层次有所增加，管理规模有所扩大，将由现行的车站、线路（公司）两级管理统一结算变为车站、线路（公司）、市一级统一清分管理中心三级管理，分别结算。从管理内容而言，将增加公司间的财务核算、清算，联运公司的票款收入，运营指标的计算、统计，年度财务核算、经济评价等。

（六）城市轨道交通车站设备管理向综合自动化方向发展

城市轨道交通车站设备管理主要包括自动售检票（AFC）的运用和管理，以及对防灾报警系统（FAS）、环控系统（BAS）、供电监控系统（SCADA）等设备的独立监控和管理。一般来说，这些监控设备均为两级管理（车站级和中心级）、三级控制（就地级、车站级、中心级）。

当城市轨道交通成网运营后，随着行车密度的增加和客流的增多，行车指挥趋于复杂化。车站设备管理将会把所有设备，包括对防灾报警系统（FAS）、环控系统（BAS）、供电监控系统（SCADA）等一起构成车站设备综合监控系统（EMCS），进行集中监控，实现综合自动化，以提高设备的安全性、可靠性和稳定性。

第二章　城市轨道交通运输计划、能力与行车调度

第一节　城市轨道交通运输计划

一、客流计划

客流计划是指运输计划期间轨道交通线路客流的规划，是全日行车计划、车辆配备计划和列车交路计划编制的基础。

客流计划的编制一般分为新运营线路和原有运营线路两种情况。对新投入运营的线路，客流计划根据客流预测资料进行编制；原有运营线路的客流计划，根据客流统计资料和客流调查资料进行编制。

客流计划的主要内容包括沿线各站发到客流量、各站分方向的上下车人数、全日分时段断面客流量分布、全日分时段最大断面客流图等。

客流计划以站间发、到客流量数据作为编制基础，最基本的站间客流资料可以用一个二维矩阵来表示，通常也称之为站间交换量 OD 矩阵。然后，分步骤计算出各站上下车人数及断面客流量数据，最终绘制断面客流图。

在客流计划编制过程中，高峰小时的断面客流量可以通过高峰小时站间发、到客流数据来计算，也可以通过全日站间发、到客流量数据来计算。在用全日站间发、到客流数据时，在求出全日断面客流量数据后，高峰小时的断面客流量按占全日断面客流量的一定比例来估算，比例系数的取值可通过客流调查来确定。全日分时最大断面客流量，可在求出高峰小时断面客流量的基础上，根据全日客流分布模拟图来确定。

（一）站间发、到客流量

编制以站间发、到客流量数据为原始资料的站间发、到客流斜线表，见表 2—1。

表2-1 站间发、到客流斜线表

发/到	A	B	C	D	E	F	G	H	合计
A		7 019	6 098	7 554	4 878	9 313	12 736	23 798	71 396
B	6 942		1 725	4 620	3 962	6 848	7 811	16 538	48 446
C	5 661	1 572		560	842	2 285	2 879	4 762	18 561
D	7 725	4 128	597		458	1 987	2 822	4 914	22 631
E	4 668	3 759	966	473		429	1 279	3 121	14 695
F	9 302	7 012	1 988	2 074	487		840	5 685	27 388
G	12 573	9 327	2 450	2 868	1 345	1 148		2 133	31 844
H	22 680	14 753	4 707	5 184	2 902	5 258	2 015		57 499
合计	69 551	47 570	18 531	23 333	14 874	27 268	30 382	60 951	292 460

（二）各车站上、下车人数

根据站间发、到客流量数据可以计算出各车站的上下车人数。由表2-1的数据统计各车站上下车人数，即每行之和为上车人数，每列之和为下、车人数。如果要分方向，还要看车站的排列顺序，计算结果见表2-2。

表2-2 各车站上、下车人数

下行上客数	下行下客数	车站	上行上客数	上行下客数
71 396	0	A	0	69 551
41 504	7 019	B	6 942	40 551
11 328	7 823	C	7 233	10 708
10 181	12 734	D	12 450	10 599
4 829	10 140	E	9 866	4 734
6 525	20 862	F	20 863	6 406
2 133	28 367	G	29 711	2 015
0	60 951	H	57 499	0

（三）各区间断面客流量

根据各车站的上、下车人数，按断面客流量公式可以计算出断面客流量。按表2-2的各车站上、下车人数计算，每一个断面的客流量等于上一断面流量加车站的上车人数减车站的下车人数，计算结果见表2-3。

表2—3　各区间断面客流量

下行	区间	上行
71 396	A—B	69 551
105 881	B—C	103 160
109 386	C—D	106 635
106 833	D—E	104 784
101 522	E—F	99 652
87 185	F—G	85 195
60 951	G—H	57 499

（四）各区间断面客流图

根据各区间断面客流量数据，可以绘制断面客流图。按表2—3的断面客流量数据，绘制断面客流图（下行），如图2—1所示。

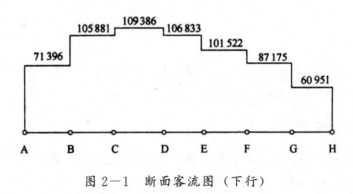

图2—1　断面客流图（下行）

二、全日行车计划

全日行车计划是运营时间内各个小时开行的列车对数计划。它规定了轨道交通线路的日常作业任务，是科学地组织运送乘客的办法，也是编制列车运行图、计算运行工作量和车辆配备数的基础资料，对列车运行图和车辆运用计划具有重要影响。

（一）全日行车计划编制资料

1. 营业时间

营业时间的安排主要考虑两个因素：一是方便乘客，满足城市生活的需要，考虑到城市居民出行活动特点；二是满足轨道交通系统各项设备检修养护的需要。世界上大多数城市的轨道交通系统营业时间在18～20 h，个别城市是24 h运营（如美国的纽约和芝加哥）。营业时间的适当延长，是城市轨道交通系统服务水平提升的体现。

2. 全日分时最大断面客流量

全日分时最大断面客流量通常可以根据全日客流分布模拟图来确定，如图 2—2。

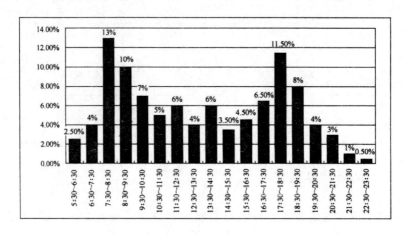

图 2—2 全日客流分布模拟图

3. 列车定员数

列车定员数通过列车编组辆数和车辆定员数进行计算。例如，轨道交通常见的 A 型车的车辆定员数为 310 人，高运量情况下列车编组为 6 辆。

4. 线路断面满载率

线路断面满载率是指在单位时间内、特定断面上的车辆载客能力利用率，是反映列车利用率、运营经济性和旅客舒适度的重要指标之一。

在实际工作中，线路断面满载率通常是指早高峰小时单向最大客流断面的车辆载客能力利用率。线路断面满载率既反映了高峰小时开行列车在最大客流断面的满载程度，也反映了乘客乘车的舒适程度。

为了提高车辆运行效率、降低运输成本和提高经济效益，在编制全日行车计划时，根据实际情况，也可采取列车在高峰小时适当超载的做法。

线路断面满载率计算公式如下：

$$\beta = \frac{p_{\max}}{c_{\max}} \times 100\% \qquad (2-1)$$

式中：β——线路断面满载率，一般取 75%～90%；

$p_{\max}$——单向最大断面客流量（人）；

$c_{\max}$——高峰小时线路输送能力（人）。

（二）全日行车计划编制程序

1. 计算全日分时最大断面客流量

根据全日客流量和全日客流分布模拟图计算全日分时最大断面客流量。

2. 计算全日分时开行列车数

全日分时开行列车数计算公式为：

$$n_i = \frac{p_{\max}}{p_{列} \times \beta} \tag{2-2}$$

式中：n_i——全日分时开行列车数（列或对）；

$p_{\max}$——单向最大断面客流量（人）；

$p_{列}$——列车定员数（人）；

β——线路断面满载率。

3. 计算行车间隔时间

行车间隔时间计算公式为：

$$I_i = 3\ 600/n_i \tag{2-3}$$

式中：I_i——行车间隔时间（s）；

n_i——某小时内开行的列车数（列或对）。

4. 确定全日行车计划

编制轨道交通系统全日行车计划时，重点考虑的因素是提高服务水平和方便乘客。在计算得出的各小时应开行列车对数和行车间隔时间的基础上，应检查是否存在行车间隔过长的时段。

为了方便乘客、提高服务水平，在高峰时段各小时应开行的列车对数要大于计算中得到的所需列车对数；在非高峰时段，要从计算中得到的所需列车对数及保持一定的服务水平两方面来确定各小时应开行的列车对数，一般行车间隔实际不宜大于 10 min。

三、车辆配备计划

为了完成乘客的运送任务，城市轨道交通系统必须保证有一定数量的车辆，因此，要制订车辆配备计划。车辆配备计划是为完成全日行车计划而制订的车辆保有数安排计划。

车辆配备计划主要计算运用车辆数、在修车辆数和备用车辆数三部分，确定在一定类型的设备和行车组织方法条件下，为完成一定的运输任务而必须保证有的车辆数目。列车保证数量根据线路远期客流预测数据，测算远期运行行车间隔，可得出所需运用列车数；

备用列车数量按照运用列车数量的一定比例取得；检修列车数量须根据运用列车数量综合维修能力、修程修制取得。

（一）车辆运用

城市轨道交通系统是一个复杂的、技术密集的公共交通系统，它具有高度集中、协调联动的特点。而车辆运用组织系统又是这个系统中最重要的组成部分之一，它在上级运营指挥部门的统一指挥下，按照运行图完成日常的车辆运用工作。

列车运转流程图指的是列车运用过程，主要包括四个环节，即列车出车、列车正线运行、列车回库收车和列车场内检修及装备作业。这些作业由车辆运用部门各个岗位协同配合共同来完成。

1. 列车出车

列车出车工作流程图分为制订发车计划、出乘作业及发车作业三部分，从制订发车计划开始到列车发出结束。其中制订发车计划可分为编制下达发车计划、检修交车确认计划两个环节；出乘作业可细分为驾驶员出勤、出车前检查、列车出库三个环节。

2. 列车正线运行

列车正线运行主要由乘务员（电动列车驾驶员）来完成。主要工作内容包括正线运行中的信息流转、正线交接班作业。

（1）正线运行中信息流转

①正线列车或其他行车设备发生故障时，驾驶员应及时报告行车调度员故障车次、故障时间、故障现象及处理结果。

②行车调度员将故障车次/车号、故障情况及其他相关信息通报维修部门。

③驾驶员除汇报行车调度员有关故障信息外，还应将故障信息在报单上记录备案。

④对运营中列车因故障而导致下线的情况，行车调度员应及时通知运转值班员。

（2）正线交接班有关规定

①驾驶员在正线交接班时应提前 20 min 到有关地点出勤，出勤方式按部门制定的相应规定执行。

②驾驶员在途中交接班时必须向接班人说明列车的运行技术状况及有关列车注意事项，并填写在驾驶员报单上，内容包括制动性能、故障情况、线路情况、当前有效调度命令和执行情况以及其他必须交接的情况。

3. 列车回库收车工作

列车回库收车工作分为接车及回库作业，其中回库作业可细分为列车入库、回库检查及收车、驾驶员退勤三个环节。

(二) 运用车辆配备计划

1. 运用车辆数

运用车辆数是为完成日常运输任务而必须配备的技术状态良好的车辆数，运用车辆的需要量与高峰小时开行的列车对数、列车的旅行速度及在折返站的停留时间各项因素有关，一般可以按以下公式计算

$$N = \frac{n_{高峰} \theta_{列} \, m}{60} \tag{2-4}$$

式中：N——运用车辆数（辆）；

$n_{高峰}$——高峰小时开行列车数（对）；

$\theta_{列}$——列车周转时间（min）；

m——列车编组辆数（辆）。

列车周转时间是指列车在线路上往返一次所消耗的全部时间。它包括列车在区间运行、列车在中间站停车供乘客乘降，以及列车在折返站作业的全过程。

$$\theta_{列} = \sum t_{运} + \sum t_{站} + \sum t_{折停} \tag{2-5}$$

式中：$\sum t_{运}$——列车在线路上往返一次各区间运行时间之和（min）；

$\sum t_{站}$——列车在线路上往返一次各中间站停站时间之和（min）；

$\sum t_{折停}$——列车在折返站停留时间之和（min）。

当列车在折返站的出发间隔时间大于高峰小时的行车间隔时间时，须在折返线上预置一列车进行周转，此时运用车辆数须相应增加。

2. 在修车辆数

在修车辆数是指处于定期检修状态的那部分车辆。

车辆的定期检修是一项有计划的预防性维修制度。车辆检修概念包括车辆检修级别和车辆检修周期。车辆的检修级别和周期是根据车辆设计的技术性能、各部件在正常情况下的使用寿命及车辆运用的环境等因素进行确定的。

车辆的检修周期是关系在修车辆数计算和配属车辆数计算的基础数据之一，也是车辆段建设规模和车辆段作业组织的重要技术指标。轨道交通车辆的检修级别通常分为日检、双周检、双月检、定修、架修和大修六种，具体见表2-4。

表 2-4 车辆检修级别、周期及停时

检修级别	运用时间	走行/km	检修停时/h 或 d
日检	1 日	—	—
双周检	2 周	4 000	4 h
双月检	2 月	20 000	48 h
定修	1 年	100 000	10 d
架修	5 年	500 000	25 d
大修	10 年	1 000 000	40 d

通过对车辆的不同部件制定不同的技术标准、检修级别和检修周期，到期进行车辆的检修，使车辆在经过定期检修后，能在整个检修周期内保持良好的技术状态。通常在以时间间隔作为确定检修周期的情况下，根据每种检修级别的年检修工作量和每种检修级别的检修，就可以推算在修车辆数。在修车辆数一般控制在运用车辆数的 10%～15%。

3. 备用车辆数

一般情况下，轨道交通系统为了适应客流变化，确保完成临时紧急的运输任务，以及预防运用车辆发生故障，必须把若干技术状态良好的车辆储备起来，这部分车辆称为备用车辆。

备用车辆的数量通常控制在运用车辆数的 10% 左右。备用车原则上停放在线路两端终点站或车辆段内。

4. 车辆运用计划

车辆运用计划是在列车运行图和车辆检修计划的基础上进行编制的。车辆运行计划包括以下四个方面：

(1) 排定车辆出入段顺序和时间

根据列车运行图关于列车在始发站出发时刻的规定确定出段时间，出段时间可以明确乘务员出勤时间、客车车底出库和出段时间。回段时间和折回方向同样也根据列车运行图进行确定。

(2) 铺画车辆周转图

列车正线运行通常采用循环交路。根据列车运行图和车辆出段顺序，车辆运用计划以车辆周转图的形式确定了全日对应各出段顺序的车辆在线路上往返运行的交路，确定了车辆在两端折返站到达和出发时间，以及车辆出入段时间和顺序。

(3) 确定对应各出段顺序的车辆

根据车辆的运用情况和技术状态，在每日傍晚具体确定次日车辆的出段顺序和担当交路。在具体确定车辆的运用时，应注意使各客车车底的走行里程能在一定时期内大体均衡。

（4）配备乘务员

轨道交通系统的乘务制度通常采用轮乘制，其主要目的是提高车辆利用效率和劳动生产率。在安排乘务员的工作时，应注意乘务员的连续工作时间不要超劳，然后再具体安排乘务员的出勤时间、地点和值乘列车车次等。

四、列车交路计划

目前我国城市轨道交通的列车开行方案大多仍采用单一交路、站站停车的方案。但随着城市轨道交通线路的不断延伸和轨道线网的形成，如何采用相适应的列车开行方案、实现乘客服务水平、线路通过能力和各项运营指标的优化，是列车运行组织面临的新挑战。

当城市轨道交通线路较长、客流分布不均衡时，通过合理、可行的交路组合来安排列车输送能力，是一种充分利用有限资源、降低运输成本的常见方法。这种规定列车交路的方法与过程就是编制列车交路计划。

列车交路计划规定了列车的运行区段、折返站和按不同列车交路运行的列车对数。合理的列车交路既能提高列车和车辆运用效率、避免运能虚耗、降低运营成本，又能给予乘客较大的方便。因此，采用不同的列车运行方式，能使列车组织做到经济、合理、高效。

（一）列车折返方式

列车折返是指列车通过进路改变、道岔的转换，经过车站的调车进路由一条线路至另一条线路运营的方式。具有列车折返能力的车站称为折返站。由于大多数城市轨道交通系统的车站没有侧线，因此列车折返是设置列车交路要考虑的一个重要任务。

一般列车折返方式可根据折返线位置布置情况分为站前折返和站后折返两种方式。

1. 站前折返

列车在中间站、终点站利用站前渡线进行折返作业。

站前折返方式由于渡线设置在站前，在一定程度上可以减少项目建设的投资，缩短列车走行距离。同时，站前折返时间较短，上下车乘客能同时上下车，可缩短停站时间，减少费用。

但是，列车折返会占用区间线路，从而造成后续列车闭塞，并且对行车安全保障要求较高。城市轨道交通行车组织中较少采用这种折返模式，特别是当行车密度高、列车运行间隔短的条件下，一般不会采用站前折返方式。

2. 站后折返

列车在中间站、终点站利用站后渡线进行折返作业。

站后折返方式车站接发车采用平行作业，不存在进路交叉，行车安全，站后列车进出站速度较高，有利于提高列车的运行速度，为国内外城市轨道交通通常采用的折返方式。站后渡线方法可为短交路提供方便，环形线折返设备可保证最大的通过能力，但施工量大，钢轨在曲线上的磨耗也大。站后折返的主要不足是列车折返时间较长。

（二）列车交路分类

列车交路可分为长交路、短交路和长短交路三种。

1. 长交路

长交路是指列车在线路上全线运行，为全线提供运输服务，列车到达折返线或站后折返，适用于各区段客流量比较均匀的情况。从行车组织的角度考虑，长交路列车运行组织简单，对中间站折返设备要求不高，但在各区段客流量不均衡程度较大的情况下，会产生部分区段运能的浪费。

2. 短交路

短交路是指列车在线路的某一区段内运行，在指定的车站上折返，为辅助的列车交路计划，适用于各区段客流量相当不均匀的情况。

将长交路改为短交路，能适应不同客流区段的运输需求，运营也比较经济，但要求中间折返站具有两个方向的折返能力及具有方便的换乘条件。从乘客的角度考虑，服务水平有所降低。短交路在城市轨道交通运营组织中除特殊情况外一般不采用。

3. 长短交路

长短交路是指线路上两种交路并存的列车运行，适用于各区段客流量较不均匀的情况，或者在高峰时段各区段流量比较均匀而非高峰时段各区段流量不均匀的情况。

长短交路混跑既能满足运输需求，又可提高运营效益。因此，在线路各区段客流量不均衡程度较大的情况下，可以采用以长交路为主、短交路为辅的列车交路安排，组织列车在线路上按不同的密度行车。当高峰期间客流在空间分布上比较均匀，而低谷期间客流在空间上分布相差悬殊时，也可以在低谷时间采用长短交路列车运行方案，组织开行部分在中间站折返的短交路列车。

（三）列车交路计划的确定

列车交路计划的确定应建立在对线路各区段客流量进行统计分析的基础上，充分考虑行车组织与客运组织的条件，进行可行性研究后加以确定。

首先，区段客流分析是列车交路计划确定的主要因素之一，也就是根据客流在时间上、空间上所表现出的不均衡性加以研究分析，作为列车交路计划确定的依据。

其次，行车条件决定了列车交路计划实现的可能性。城市轨道交通的线路设置由于其运营特点，不可能在每个车站设置具备调车作业功能的线路，交路的实现只能在两个设有调车或折返线路的车站之间进行，同时还必须注意列车交路是否会影响到行车组织的其他环节，如是否会影响行车间隔、后续列车的接车等。

最后，客运组织是列车交路确定的必要客观条件，由于列车交路计划的实现可能导致列车终到站的变化，相关车站的乘客乘降作业、列车清客、客运服务工作都会随之不断调整，对客运组织水平的要求比较高，如果客运组织不力将会直接影响到列车运行图的执行情况。因此，确定列车交路计划应该对客运组织的条件加以考虑。

（四）列车停站设计

在传统的城市轨道交通列车停站设计中，一般规定列车站站停车。但为提高列车运行速度和节约乘客出行时间，根据具体线路的客流特点，还可采用其他不同的列车停站方案。

1. 分段停车列车运行方案

该方案在长短交路的基础上，规定长交路列车在短交路区段外进行站站停车作业，在短交路区段内不停车通过；而短交路运行列车则在短交路区段内各站停车；在短交路列车的中间折返车站作为换乘站。

分段停车列车运行方案减少了长交路列车的停站次数，因而能压缩长途乘客在列车上的总旅行时间；列车运行速度的提高也有利于加快长交路运行车辆的周转。该方案的主要问题是：上下车不在同一交路区段的乘客需要换乘，增加了全程旅行消耗的时间。因此，采用分段停车列车运行方案的基础依据是乘客总节约时间大于增加的总消耗时间。

2. 跨站停车列车运行方案

该方案将全线车站分成 A、B、C 三类。A、B 两类车站按相邻分布原则确定，C 类车站按每隔若干个车站（图 2—3 中是每隔 4 个）选择一站原则确定。所有列车均应在 C 类车站停车作业，但在 A、B 二类车站则分别停车作业，如图 2—3 所示。

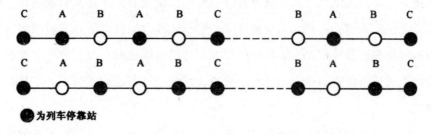

图 2—3　跨站停车列车运行方案停车示意图

跨站停车列车运行方案减少了列车停止次数，因而能压缩列车运行时间和乘客乘车时间，提高运行速度，还能够加速车辆周转，减少车辆使用，降低运营成本。该方案的问题是：由于 A、B 两类车站的列车到达间隔加大，乘客候车时间加长；此外，在 A、B 两类车站间乘车的乘客须在 C 类车站换乘，带来不便。因此，该方案比较适用于 C 类车站客流较大，而 A、B 两类车站客流较小，并且乘客平均乘车距离较远的线路。

（五）日常运输调整计划

由于途中运缓、作业延误或设备故障等原因，会造成列车晚点。，城市轨道交通具有行车密度高、间隔小、对安全要求高的特点，要根据列车运行的实际情况，按照恢复正点和行车安全兼顾的原则，对运输计划进行调整。

列车运行是运输生产活动的重要环节，在日常运输活动中，为了保证列车运行安全和按图行车，要设置专门人员，调整运输计划。

日常运输计划调整的主要方法有：

①始发站提前或推迟发出列车；

②根据车辆的技术状态、线路允许速度，组织列车提高速度，恢复正点；

③组织车站快速作业，压缩停站时间；

④组织列车放站运行；

⑤变更列车运行交路，具备条件时在中间站折返；

⑥停运部分车次的列车。

第二节 城市轨道交通运输能力

一、运输能力基本概念

运输能力是城市轨道交通系统最重要的参数。运输能力计算涉及系统设计、扩展、改建、舒适性设计及系统在不同时期内的发展。概括地说，包括以下几方面的内容：新建及扩展项目的规划与运营分析；运输线路的评价；环境影响研究；新的信号与控制技术的评估；系统能力与运营随时间变化的估计；交通系统期望显著改善条件下，土地开发对能力的影响评估。

城市轨道交通系统的运输能力主要是指某线路上某一方向一小时内所能输送的总旅客数。运输能力是通过能力和输送能力的总称。运输能力的大小主要取决于固定设备、移动设备、技术设备的运用，行车组织方法和行车作业人员的数量、技能水平。

（一）通过能力

1. 通过能力的概念

通过能力是指在采用一定的车辆类型和一定的行车组织方法条件下，轨道交通线路的各项固定设备在单位时间内（通常是高峰小时）所能通过的最大列车数。研究影响通过能力的因素，通过能力的计算和提高，通过能力的途径、措施等问题，对于新线设计和既有线的日常运能安排、扩能技术改造，都具有重要的理论和实践意义。

在实际工作中，通常还把通过能力分为设计通过能力、现有通过能力和需要通过能力三个不同的概念。设计通过能力是指新建线路或技术改造后的既有线路所能达到的通过能力；现有通过能力是指在现有固定设备、现有行车组织方法条件下，线路能够达到的通过能力；需要通过能力是指为了适应未来规划期间的运输需求，线路所应具备的包括后备能力在内的通过能力。

通过能力的正确计算和合理确定，在轨道交通系统的新线规划设计、日常运输能力安排及既有线路改造过程中都是一个重要的问题。

2. 通过能力的限制因素

（1）地铁、轻轨的通过能力主要按照固定设备进行计算

线路：其通过能力主要决定于信号系统的构成、列车运行控制方式、车辆的技术性能、进出站线路的平面和纵断面情况、列车停站时间标准和行车组织方法等。

列车折返设备：其通过能力主要决定于车站折返线的布置方式、信号和联锁设备的种类、列车在折返站停站时间标准，以及列车在折返站内的运行速度。

车辆段设备：其通过能力主要决定于车辆的检修台位、停车线等设备的数量和容量等。

牵引供电设备：其通过能力主要决定于牵引变电所的座数、容量等。

（2）市郊铁路的通过能力主要按照固定设备进行计算

区间：其通过能力主要决定于区间正线数、区间长度、线路的平面和纵断面情况、信号系统的构成和机车类别等。

车站：其通过能力主要决定于车站到发线数、咽喉道岔的布置等。

机务段设备和整备设备：其通过能力主要决定于电力和内燃机车的定修台位、段内整备线等设备的数量和容量。

牵引供电设备：其通过能力主要决定于牵引变电所和接触网等。

　　根据以上各项固定设备计算出来的通过能力，一般是各不相同的，其中通过能力最小的设备限制了整个线路的通过能力。因此，该项设备的通过能力即为线路的最终通过能力。由此可见，通过能力实质上取决于固定技术设备的综合能力，所以各项固定设备的能力力求相互匹配，避免造成某些设备的能力闲置。

　　在影响城市轨道交通线路通过能力的诸多因素中，权重最大的是列车运行控制方式和列车停站时间。列车运行控制方式是指列车运行间隔、速度的控制方式和行车调度指挥的方式，取决于采用的列车运行控制设备类型。表2—5是三种列车运行控制方式下的城市轨道交通线路通过能力比较。

表2—5　列车运行控制方式与线路通过能力

序号	闭塞设备	列车间隔控制	列车速度控制	行车指挥	通过能力
1	自动闭塞	追踪运行＋列车自动防护	连续速度控制	行车指挥自动化	高
2	自动闭塞	追踪运行	点式速度控制	调度集中	中
3	双区间闭塞	非追踪运行	点式速度控制	调度集中	低

　　由于城市轨道交通车站一般不设置配线，列车只能在车站正线停车办理客运作业，致使列车追踪运行经过车站时的间隔时间远大于列车在区间追踪运行时的间隔时间。因此，列车停站时间是限制城市轨道交通线路通过能力的又一主要因素。

（二）输送能力

　　输送能力是指在一定的车辆类型、固定设备和行车组织方法的条件下，按照现有移动设备的数量、容量和乘务人员的数量，轨道交通线路在单位时间内（通常是高峰小时）所能运送的乘客人数。

　　输送能力是衡量轨道交通技术水平与服务水平的重要指标。

（三）通过能力与输送能力的关系

　　通过能力从固定设备的角度确定线路所能开行的列车数，输送能力则是从移动设备与行车作业人员配备的角度确定线路所能运送的乘客人数。

　　输送能力以通过能力为基础，输送能力是运输能力的最终体现。在通过能力一定的条件下，线路最终输送能力还与车站设备（如站台、售检票设备、楼梯、通道和出入口等）的设计容量或能力存在密切关系。

二、运输能力的影响因素

（一）线路能力

线路能力是指在采用一定的车辆类型、信号设备和行车主旨方法的条件下，城市轨道交通系统线路的各项固定设备在单位时间内（通常是高峰小时）所能通过的列车数。线路能力主要取决于最小列车间隔和车站停留时间。在设计能力中，最小列车间隔与闭塞分区长度、信号系统参数、列车长度、交叉口和折返影响有关，而列车在车站的停留时间则与站台高度、车门数量与宽度、验票方式及车站能力限制有关。

1. 最小列车间隔

一般情况下，城市轨道交通线路上的列车通常是采用追踪运行方式。所谓追踪运行方式，是指在线路的同一个方向上、同一个区间中，可以有两列及以上的列车运行，彼此之间以闭塞分区作为间隔。追踪运行的两列车在运行过程中互相不受干扰的最小列车间隔时间称为追踪列车间隔时间。

（1）列车控制系统和闭塞区间长度的影响

列车控制系统运输能力主要涉及线路采用的列车运行控制系统及其相应的闭塞区间长度。目前，国内大部分城市轨道线路采用 ATC 系统。ATC 系统通过车载设备、轨旁设备、车站和控制中心组成的控制系统完成对列车运行的控制。通过调节列车运行间隔和运行时分，实现列车运行的安全高效和指挥管理有序。按闭塞制式，城市轨道交通 ATC 可分为固定闭塞 ATC 系统、准移动闭塞 ATC 系统和移动闭塞 ATC 系统。

①固定闭塞 ATC 系统。固定闭塞将线路划分为固定的闭塞分区，不论是前、后列车的位置还是前、后列车的间距，都是用轨道电路等来检测和表示的，线路条件和列车参数等均须在闭塞设计过程中加以考虑，并体现在地面固定区段的划分中。固定闭塞的闭塞分区长度是按最长列车、满负载、最高速度、最不利制动率等不利条件设计的，分区较长，且一个分区只能被一列车占用，不利于缩短列车运行间隔。

此外，由于列车定位是以固定不变的分区为单位的，系统只识别列车在哪个闭塞分区中。因轨道电路传输的信息量有限，难以实现对列车运行速度的实时连续控制，所以固定闭塞的速度控制是分级的，即速度划分为若干等级。因此，固定闭塞 ATC 系统下列车运行间隔较长。北京地铁 1 号线、13 号线和上海地铁 1 号线均采用固定闭塞 ATC 系统。

②准移动闭塞 ATC 系统。准移动闭塞在控制列车的安全间隔上比固定闭塞更加进步。它通过采用报文式轨道电路辅之环线或应答器来判断分区占用并传输信息，信息量大；可以告知后续列车继续前行的距离，后续列车可根据这一距离合理地采取减速或制动，列车

制动的起点可延伸至保证其安全制动的地点，从而可改善列车速度控制，缩小列车安全间隔，提高线路利用效率。但准移动闭塞中后续列车的最大目标制动点仍必须在先行列车占用分区的外方，因此它并没有完全突破轨道电路的限制。

基于 ATC 系统的准移动闭塞的列车追踪间隔和列车控制精度除取决于线路特性、停站时分、车辆参数外，还与 ATP/ATO 系统及轨道电路的特性密切相关，如闭塞分区的长度、地—车传输信息量的多少、轨道电路分界点（或计轴点）的位置等。准移动闭塞的列车控制系统的最小追踪间隔一般可达到 90 s。与固定闭塞相比，列车运行间隔缩短。广州地铁 1 号线和 2 号线、南京地铁 1 号线、上海地铁 2 号线和 3 号线等都采用的是准移动闭塞 ATC 系统。

③移动闭塞 ATC 系统。移动闭塞可借助感应环线或无线通信的方式实现。早期的移动闭塞系统大部分采用基于感应环线的技术，即通过在轨间布置感应环线来定位列车和实现车载计算机（VOBC）与车辆控制中心（VCC）之间的连续通信。而今，大多数先进的移动闭塞系统已采用无线通信系统实现各子系统间的通信，构成基于无线通信技术的移动闭塞。

基于通信的列车控制（Communications Based Train Control，CBTC）实现了车—地之间双向、大容量的信息传输，达到连续通信的目的，在真正意义上实现了列车运行的闭环控制。当列车和车站一开始通信，车站就能得知所有列车的位置，能够提供连续的列车安全间隔保证和超速防护，在列车控制中具有更好的精确性和更大的灵活性，并能更快地检测到故障点。而且，移动闭塞可以根据列车的实际速度和相对速度来调整闭塞分区的长度，尽可能缩小列车运行间隔，提高行车密度，进而提高运输能力。

通过车载设备和轨旁设备的实时交互通信，根据列车目标距离的变化、实时派生列车运行速度控制曲线，可做到实时的目标距离连续速度曲线控制，实现列车的"高密度、高效率、高可靠性"运行。由于列车运行间隔较小，线路得到充分利用，列车运行平稳舒适。采用移动闭塞 ATC 系统的有上海地铁 8 号线、北京地铁 10 号线、广州地铁 4 号线和 5 号线等。

（2）折返站的折返能力分析

折返站的折返能力是地铁线路能力的关键环节，中间站、终端站折返能力的大小直接影响整个系统的运输能力和效率。折返站折返形式根据完成折返作业的位置，可以分为两种：站前折返和站后折返。

站前折返指列车在中间站或者终点站利用站前渡线进行折返作业。列车折返的过程中会占用区间线路，从而影响后续列车的闭塞，并且对行车安全保障要求较高。城市轨道交通行车组织中较少采用这种折返模式，特别是当行车密度高、列车运行间隔短的条件下，一般不会采用站前折返方式。站前折返的优点在于渡线设置在站前，可以在一定程度上减少项目建设的投资，缩短列车走行的距离。

国内外的城市轨道交通通常采用站后折返的方式，即列车在中间站、终点利用站后渡线进行折返作业。这种方式站间接发车采用平行作业，不存在进路交叉，行车安全，有利于提高列车的旅行速度。

站前折返一般设一个岛式站台。为防止上、下车人流拥挤，设计两岛一侧站台形式。中间大岛站台为乘客上车站台，两侧的站台为下车站台，小岛站台的另一侧还固定作为故障列车、火灾列车和存车之用，以便使事故列车对其他列车的影响减到最小程度。

站后折返站台形式，可采用侧式站台或岛式站台，两正线间可采用 5 m 线间距，对压缩车站主体结构宽度有利。车客流各在岛式站台一侧，当采用岛式站台时，上、下车站台上也不存在客流交叉问题与楼、扶梯系统，减少设备投资和用电、维修、运营费用；岛式站台仅设一套，宽度相对较宽，空间较开阔，乘客不易产生压抑感。一条与出发正线连接最近的折返线折返，另一条折返线可作备用。站后折返不像站前折返受列车到站或出发的干扰，折返能力较大，较规范规定的远期最大通过能力每小时不少于 30 对列车，能力有较多储备。

2. 车站停留时间

在满足服务安全性的前提下，列车在站点停留时间越短越好，如果平均站点停留时间过长就会影响到下一趟列车。城市轨道交通线路通常是采用双线，列车在区间实行追踪运行，并在每一个车站停车供乘客乘降。而为了降低车站的造价，城市轨道交通线路又一般不设置车站配线，列车是在车站正线上办理客运作业。根据行车及客运作业和车站线路设备的这种特点，列车停站时间变为影响线路能力的主要因素之一。

列车在车站的停留时间一般包括客流上、下车时间，开、关门时间，车门关闭后的等待开车时间。

（二）列车能力分析

列车能力是每辆车载客数量与每列车编组辆数的积。通过发散系数，可以将多辆列车中负荷不均匀的情况考虑后换算为实用能力，如式（2-6）所示：

$$列车能力＝每辆车定员×编组辆数×发散系数（人/列）\qquad(2-6)$$

其中，每辆车的定员受多个因素的影响，它是能力计算中要重点研究的问题。车辆能力一般要从拥挤水平来评价。北美拥挤水平一般按 6 人/m² 计算，这是在扣除座位面积、设备面积后的指标。实际上，北美地区的最大容量在 5 人/m² 左右，高峰期实际平均载荷仅为 2 人/m²。

评价能力唯一真实的办法是考察旅客不再上车而等待下一列车时的车辆载荷，即出现留乘时的情况。避免留乘是所有公交系统设计的目标，它可以得到评价体系可用能力的可靠数据。

评价列车能力有两个重要指标：一是设计能力；二是可用能力。

1. 设计能力

如果选择了某一类车辆，能力的计算就相对简单，它涉及以下因素：

①座位数，假定所有座位满载。

②站立面积，即可用面积，要扣除座位旅客的腿部所占的面积。

③站立密度，一般地，高峰期短时间可承受的平均站立密度为 6 人/m^2，距离长时应相应减少；有时，服务策略、地区条件也是调整的因子。

④站立效益，是用来增加或减少期望站立密度的一个直接因素，它要兼顾站立空间的特性。

⑤轮椅调整系数，很多城市轨道交通系统是可兼容轮椅的，这一问题要在计算时加以考虑。一般地，一个轮椅所占面积可按 1.2~1.5 m^2 计算，大致相当于 2~6 名旅客。

⑥行李调整系数，当旅客携带一些大的物体时，需要调整能力。一般情况下它可以忽略，但对一些通往机场或娱乐区域的线路来说不能忽略。

2. 可用能力

当没有为系统选定车辆时，可以参照某种通用的车辆参数来计算能力，它避免了采用既有系统中某类车辆可能导致的偏差。

影响车辆能力的主要参数包括：

①车辆长度，可参照按车钩中点计算列车全长的车辆名义长度。

②车辆宽度，座椅后背高度处车辆的宽度，主要考虑到人的肩部比脚部宽。该处一般比地板高出 800mm，它比站台水平上的车辆宽度宽 100~150 mm，车辆宽度采用外部尺寸，再转换为内部尺寸。一般可假定车体一侧的墙厚为 50~100 mm。

③无旅客空间，主要兼顾驾驶室、设备及端墙等，包括车钩末端的 300 mm 距离。

④座位密度，一般为 1.5~2.0 人/m^2，低限适合通勤或长距离市郊快速铁路，高限适合某些重轨快速线路。

⑤座位利用率，与座位密度类似，旅客就座率也是一个特定场合的设计参数，受政策决策影响。

⑥标准密度，没有被座位占用或为轮椅、行李甚至自行车设计占用的车辆地板的空间，一般为 4 人/m^2。

在某些大城市里较早建立的系统，如纽约、费城、芝加哥、多伦多等，采用了较高的载荷水平，因为人们已经习惯，而且可选方式也有限。这些城市采用了较高水平的拥挤率、较长的开车时间和较高的停车费。其最新建立的系统提供的空间要大一些，其吸引力和竞争能力也相对强一些。

车辆能力的计算涉及三个方面：座位密度、座位率、站立密度。在某种意义上，它们是一些政策问题。对服务水平和车辆内部的设计决策可以使上述三个因素变成一种差异，即车辆能力的差异，即使两种车辆具有同样的长度和最小间隔。

3. 列车能力

设计列车能力是车辆能力与每列车车辆数量的简单积，其中后者在很大程度上受某些具体因素的影响，例如：

①站台长度，尤其是既有系统；

②街道约束，指在街道上行驶的车辆。

实用能力受列车载荷变量的影响，主要是列车载荷发散系数，它影响到车站的设计。当车站的大多数入口都能按站台长度有效地分布旅客时，该值大致可取 1.0，其他一些分布不均之处可考虑一些差别。高峰时，旅客会自动分散，但不一定会很满意，某些车辆仍会发生留乘及过度拥挤的情况。

（三）车站对能力的约束

某些情况下，车站能力约束限制了客流抵达站台及列车的效率，从而减少了可用能力。这方面的研究主要是交通供给者的任务，它要考虑以下因素：

①车站能力，包括占有率的限制；

②站台客流限制，主要是由于出、入口的数量及宽度限制引起的；

③车站停留空间不足；

④收费系统的能力限制。收费口的设计一般应与需求匹配，包括一些特别的高峰期间采取手工售验票的方法。不过，在极特殊的场合，车站能力仍会受售票系统能力的影响。例如，轻轨系统是在旅客上车后再售票，这将影响能力。通勤轨道运输系统中的在车售验票一般被认为是一个运营问题，而非售检票问题。

（四）其他能力影响分析

可用能力是设计（最大）能力和一系列现实因素的产物，这些现实因素反映了人的感觉和行为，包括特定场合下的差异（期望、文化背景、运输方法等）。在能力计算中还有许多现实因素未考虑到，例如：

①站立密度不是绝对的 5 人/m^2，在拥挤条件下，人们可以挤得更紧；

②一般不可能设想多单元列车上所有车辆均同样拥挤；

③一些其他因素会减少列车能力，如牵引力大小、车门问题、操作者的差异，它们不仅会导致列车间隔的增大，还会增加间隔的变化幅度；

④最小间隔在概念上没有给运行图留出间隙，以作为恢复晚点延误的空当，它使得系统不能适应服务的变化；

⑤旅客需求在高峰期内一般也不是平均分布的，存在一些需求"波"，它们与特定的工作开始和结束时间有关；

⑥日常需求还存在一些随星期、季节、假期、天气而发生的波动，如周一与周五不同等，这增加了需求的不可预测性；

⑦客运需求是有一定弹性的，有时可以有一些拥挤和延误，它们决定了一个重要的安全阈值。

三、加强运输能力的途径

加强运输能力主要有修建新线、增加行车密度和增加列车定员三个途径。

（一）修建新线

新线路的建成运营能使单线成为双线或双线成为多线，能使轨道交通网逐步形成。这样无疑能使运输能力有较大的提高，满足城市公共客运的需求，提高轨道交通系统的服务水平。

（二）增加行车密度

由于修建新线会遇到资金、土地及环保等一系列的困难或限制，并且修建新线也不是在任何客流条件下都是经济合理的，因此，增加既有线行车密度是提高既有线运输能力的基本途径。

（三）增加列车定员

通过增加列车编组辆数、采用大型车辆或优化车辆内部布置来增加列车定员，是提高既有线输送能力的又一途径。但扩大编组数往往受到站台长度的限制；而轻轨列车的编组辆数较多，在路权混用时，会在平交道口对其他交通产生一定影响。

根据世界各大城市轨道交通的运营实践，加强既有线路运输能力通常是增加行车密度和增加列车定员两者并举，并以增加行车密度为主。

第三节　城市轨道交通行车调度

一、行车调度概述

（一）行车调度的基本任务

行车调度是城市轨道交通日常运输组织的指挥中枢，以安全运送乘客、满足设备维护的需要，按列车运行图的要求实现安全、准点、舒适、快捷的运营服务为宗旨。各单位、各部门必须在集中领导、统一指挥的原则下，紧密配合、协调动作，确保行车和乘客安全，完成各项工作任务。

①负责组织各站及有关行车部门，按列车运行计划行车，监督各站及有关行车部门的执行情况，及时、正确地发布有关行车命令和指示。

②监督列车到发及运行情况，遇到列车晚点和突发事件时，及时采取运营调整措施，迅速恢复列车正常运行。

③遇到列车进行运行调整时，正确指导车站及有关行车部门进行工作。

④负责入轨施工作业的管理。

⑤负责工程车、试验列车等上线车辆的调度指挥工作。

⑥当发生行车事故时，按规定程序及时向上级主管部门汇报，并采取措施防止事故扩大，同时积极参与救援工作的指挥。

⑦建立、健全运营生产、调度指挥等各项原始记录台账及统计，分析报表，并按规定向上级主管部门报告。

⑧密切关注客流动态，协同有关部门根据客流变化采取相应的组织方案。

（二）运营调度组织架构

运营调度是城市轨道交通系统的核心组成部分，包括负责对整个运营网络内所有列车的运行实施计划、监控和调整，组织列车或车列在车辆段运行，以及正线的施工检修作业组织，等等。其基本工作内容包括编制列车运行图、组织列车运行和应对突发事件的调整。

目前，我国城市轨道交通调度控制中心一般分为两个层次，即中央运营协调与应急指挥中心和线路运营控制中心。

1. 中央运营协调与应急指挥中心

随着城市轨道交通线路的增加，单一设置线路运营控制中心将导致各条线路之间信息传递不畅，单条线路采取的调度措施往往能不适应整个轨道交通网络的客流需求。因此，集成多条线路对整个运营网络进行协调控制成为必然，中央运营协调与应急指挥中心应运而生。

中央运营协调与应急指挥中心负责协调整个运营网络中的各条线路运营控制中心和相关部门，对路网的运营状态、设备运行情况进行实时监控。在遇到突发事件时，根据影响程度及时发布预警指令，控制影响范围，减少不利影响，根据公司信息传递的相关规定做好内外部信息的传递工作。特别是发生影响两条及以上线路的紧急情况时，中央运营协调与应急指挥中心应实现运营资源的统筹、协调和联动，提升应急突发事件的处置能力。中央运营协调与应急指挥中心的基本任务如下：

①管辖范围为试运营及运营载客的线路、车站、出入口、通道、停车场、车辆段等的列车服务，客流变化、设施设备运转状态的处置与协调。

②实时监督运营状态，监督日常行车组织、客运组织、设备状态等各类生产活动。

③协调运营生产，协调企业内部各单位和部门之间、各运营线路之间的日常运营生产。

④实时诱导路网客流。

⑤收集反映路网运营生产情况的基础数据，汇总每日路网运营生产情况。

⑥对外发布运营实时信息与信息控制。

⑦指挥与协调社会影响较大的突发事件。

2. 线路运营控制中心

线路运营控制中心是城市轨道交通系统的运营生产指挥部门，负责所管辖线路的运营调度和突发事件处理，是城市轨道交通日常运营工作的指挥中枢。其基本任务是组织指挥线路与列车运行有关的各部门和各工种协同工作，确保列车按照列车运行图运行，保证行车秩序和乘客安全，提高列车的运输效率。

线路运营控制中心实行分工管理原则，按照业务性质的不同，可设置不同的调度工种。各个城市轨道交通调度生产组织机构不尽相同，通常设置行车调度、电力调度、环控调度和客运调度等调度工种，也有一些城市将行车调度和客运调度合并为运营调度，将电力调度和环控调度合并为设备调度。某些城市的线路运营控制中心还设置车辆检修岗位和列车指导驾驶员岗位，其能够在应对列车故障时给予运营调度员一定的支持。

线路运营控制中心经理全面负责运营线路的调度管理工作，运营主管负责运营调度行车业务方案的制订及实施、突发事件分析、运营统计、周报及月报的编制，设备主管负责线路的施工作业管理、安全生产管理和电力环控专业领域内的技术指导。其中，运营调度工作是城市轨道交通系统的核心。

（三）行车调度员的职责和行车调度主要设备

1. 行车调度员的职责

①组织各部门、各工种严格按照列车运行图工作。

②监控列车到达、出发及途中运行情况，确保列车按正常秩序运行。

③随时掌握客流情况，必要时调整列车运行方案。

④检查督促各行车部门执行运行图情况。

⑤当列车运行秩序不正常时，及时采取措施，尽快恢复正常运行秩序。

⑥及时、准确地处理行车异常情况，防止行车事故发生。

⑦当发生行车事故时，按规定程序及时向上级主管部门汇报，并采取措施防止事故扩大，积极参与组织救援工作。

⑧收集并填写与线路运营工作有关的数据指标，做好原始记录。

⑨服从值班主任的指挥，与电力调度员、环控调度员和维修调度员等配合，共同完成行车和施工组织工作。

2. 行车调度主要设备

（1）中央运营协调与应急指挥中心的运营生产监督设备

①显示大屏。显示大屏是中央运营协调与应急指挥中心设备的核心系统，主要显示各种信息、全网线路示意图、AFC全网客流情况等图像。

②智能公共交通调度系统（Advanced Transit Dispatching System，ATDS）。智能公共交通调度系统的显示界面由若干显示器组成。它实时获取各条线路列车的运行信息，对各线路的 ATS 系统进行监督，但不控制。

③监控和数据采集（Supervisory Control And Data Acquisition，SC ADA）系统。监控和数据采集系统的显示界面由若干显示器组成。其具有遥信功能，但不具备遥测功能，包含一次接线图相关的所有位置信号，可定制画面，但不包含事故信号报警。

④闭路电视（Closed Circuit Television，CCTV）。通过闭路电视可查看各线路运营控制中心调度选择的画面，调度员可了解车站站台、站厅的客流和列车到发等情况。

⑤中央运营协调与应急指挥中心调度电话。中央运营协调与应急指挥中心调度电话供中央运营协调与应急指挥中心调度员选呼各线路运营控制中心调度员、轨道交通公安指挥室、各运营单位。

⑥公务电话。公务电话供中央运营协调与应急指挥中心调度员和内部各单位、生产部门进行业务联络。

⑦自动分析系统。自动分析系统对路网在线列车与站间区间的实时延误、在线列车与站间区间客流饱和度进行实时跟踪。

（2）线路运营控制中心行车调度相关设备

①综合显示屏。城市轨道交通线路运营控制中心一般装有行车、供电、环控中央监控终端设备，各模拟屏能够显示现场（车站、车辆段）设备的使用和占用情况，包括列车运行状态、供电系统情况和车站环控设备工作情况。

综合显示屏主要显示有关行车的信息，包括轨道电路、线路、信号平面布置，各站及区间线路布置，以及列车车次及其运行状态。

②中央级ATS工作站。在线路运营控制中心内，综合显示屏可供所有人员查看，而各类工作台的设备按各种专业功能的不同分别设置。控制中心的工作台分别设置了列车自动控制系统、自动售检票终端监控系统、通信系统、电力监控、防灾报警等操作设备，供有关人员操控、监视日常客运作业及处理故障和事故使用。

行车调度员配备若干监视终端和一个操作盘，通过监视器可以监视各车站的情况，可对各车站的站台、站厅进行图像监视，并可对监视图像进行切换。同时也可使用移动摄像机进行监控，并对监视的对象进行录像。

③通信设备。控制中心的通信设备主要有调度电话、无线调度电话、中央广播设备等。调度电话是为列车运行、电力供应、维修施工、发布命令等提供指挥手段的专用通信工具，包括调度直通电话、公务电话等。无线调度电话包括无线调度台和手持台。值班调度主管、行车调度及电力调度工作台分别设置广播控制台，其可对各车站、停车场、车辆段等相关单位进行广播，具有人工和自动广播两种模式，并可指定区域进行广播。

二、行车调度控制方式

城市轨道交通系统的行车调度控制方式主要与采用的行车调度指挥设备类型有关。随着科学技术的发展，城市轨道交通系统运行控制设备正逐步向自动化、远程化、计算机化发展，行车调度工作逐步由人工调度指挥系统向电子调度集中系统和行车指挥自动化控制系统发展。

（一）人工调度指挥系统

人工调度指挥系统主要包括控制调度中心设备（包括调度电话、无线调度电话、传输线路）、车站设备（包括调度电话、传输线路）、列车设备（包括无线调度电话）。人工调度指挥系统只起督导作用，不具备直接控制功能。

人工调度指挥系统主要由行车调度员通过调度电话向车站值班员直接发布指令，按电话闭塞法组织行车。车站值班员负责排列接发列车进路，调度员通过与车站值班员联系，掌握列车到达、出发信息，下达列车运行调整调度命令。调度员通过无线调度电话呼叫列车驾驶员，发布调度指令，指挥列车运行。列车运行图由行车调度员手工绘制。这种方式通常在线路开通初期，设施设备尚未到位等特殊情况下才使用。

（二）电子调度集中系统

电子调度集中系统主要包括调度控制中心设备（包括调度集中总机、运行显示屏、运行图自动控制仪等）、车站设备（包括调度集中分机、传输线路）、机车设备（包括无线调度电话、信息接收装置）。由行车调度员人工排列列车进路，组织指挥列车运行。控制中心行车调度员利用计重设备对车站上列车的到发、通过、折返等作业进行远程控制和调整。行车调度员是唯一的行车指挥者和操作者，车站一般不参与行车指挥工作，只是对有关作业进行监督。

调度集中控制设备是一种远程控制的信号设备，目前能实现运行调度指挥的遥信和遥控两大远程控制功能。它的特点是区间采用自动闭塞，车站采用电气集中联锁，并利用电缆引接到指挥控制中心。控制中心的行车调度员通过中央 ATS 工作站对车站进行集中控制，可以直接排列进路，直接指挥列车的运行调整，并通过运行显示屏监控列车到达、出发及途中运行情况，及时掌握线路上列车运行及分布情况、各信号机的显示状态和道岔开通位置，确保列车运行秩序正常。基本闭塞方法为自动闭塞法，列车运行采用自动驾驶。在必要时，可由调度集中控制改为车站控制，即将列车运行进路排列权限下放给车站，由车站值班员操作。

（三）行车指挥自动化控制系统

行车指挥自动化控制系统是一个实时控制系统，一般由调度控制和数据传输电子计算机、工作站、显示盘、绘图仪等构成，电子计算机按双机冗余配置。

行车指挥自动化控制系统是目前城市轨道交通采用的主要列车运行方式。它是利用计算机技术对列车实行自动指挥和自动运行监护，并利用列车自动防护系统保护列车运行安全。在正常情况下，系统能够根据列车运行图自动排列车站的接发车进路。列车运行一般采用 ATO 模式，必要时转换为人工控制，列车占用区间的凭证为列车收到的速度码。ATP 系统为列车运行安全提供保证，使前后列车保持必要的间隔。

第三章　城市轨道交通客运与票务管理

第一节　城市轨道交通客运管理

一、客流组织

城市轨道交通客流组织工作必须实行集中领导、统一指挥的原则。车站客流组织是客运组织管理的重要内容，车站客流组织工作的要求是安全准时、方便迅速、热情周到。

（一）乘客一次乘车流程

城市轨道交通系统的运行目的是安全、准时地将乘客运达目的地，在向每一名乘客提供位移服务过程中，都伴随着进站—乘车—出站这一流程，根据进站、乘车、出站客流流向的不同，可以分解成以下具体流程：

1. 进站流程

乘客通过步行、公交、出租、慢行接驳等方式到达站点，选择就近出入口进站，选择是否需要购票或充值，经过行李安检后刷卡进站，到达站台根据所要前往的方向等候列车。

（1）出入口

出入口是车站的门户。其主要作用是集疏客流，供乘客在运营线路内部进行换乘或换乘其他交通方式。车站的出入口及通道，还兼有行人过街的作用。一般在设计之初都会选择靠近地面交通集散点、著名建筑物、商业区、住宅区等客流繁忙，但相对隐蔽之处。为方便乘客及疏散客流，一个车站都有许多出入口，一般不少于两个。

按平面形式主要可分为以下几类："一"形出入口、"L"形出入口、"T"形出入口、"Y"形出入口、"Ⅱ"形出入口。车站出入口一般以字母"A、B、C、D…"或数字"1、2、3、4…"命名。

（2）购票/充值

目前，购票方式主要有人工售票处购票、自动售票机购票或通过电子支付（非现金支付）三种方式。充值主要是针对储值卡余额不足，需要到车站的服务窗口进行充值。

（3）储值卡

目前，储值卡主要包括运营企业自行发行的储值卡、城市一卡通以及与其他企业等联合发行的联名类储值卡种。

（4）安检

为防止危险品进入城市轨道交通系统内，很多城市都在进站口安装安检机，对乘客携带物品进行安全检查。

（5）进站闸机

自动检票机也称闸机，安装在车站付费区和非付费区的分界处，用于乘客自助检票通行，能自动计算乘车费用并扣费。

可通过闸机上方向指示灯分辨进站闸机、出站闸机。进站闸机方向指示器显示绿色箭头，表示通行。

（6）站台

站台由乘降平台、楼梯（自动扶梯）、屏蔽门、管理用房、行车道等组成，是供乘客上、下列车及候车的场所。站台的大小取决于运期预测的高峰小时的客流量。一般不设生活用房，因站台直接与股道相接，如无安全门，则安全性较差。

按形式不同，有岛式站台、侧式站台、混合式站台和纵列式站台四种站台形式。

2. 乘车流程

乘客在要前往的方向侧站台等候列车到达后，开门上车，如若不需要换乘，直接到达目的站，完成乘车流程；如若要换乘，列车到达换乘站后下车，通过换乘通道换乘其他线路或其他方向的列车。在轨道交通线网比较发达的城市，乘客可以选择多种路径换乘，有些路径可能要换乘两次及以上。

（1）换乘站

换乘站设在不同线路的交会点，除供乘客上、下车外，还供乘客由一条线路的列车换乘到另一条线路的列车上去。其最大的特点是乘客可在计费区内从一条城市轨道交通线路换乘到另一条城市轨道交通线路，最大限度地节省了乘客出站、进站及排队购票的时间，为乘客换乘提供方便。

（2）换乘

若乘客需要换乘至另一条线路，则当列车到达两线的交会车站时下车，乘坐另一条线路的列车至目的地站。

（3）不换乘

若乘客到达目的地在同一条线路上，则不需要换乘，直接在目的地车站下车即可。

3. 出站流程

乘客到达目的站后，下车经由站台到站厅的楼梯、自动扶梯、无障碍电梯等到达站厅，选择刷卡或插卡出站，找到要前往的地点就近出入口出站。

（1）出站闸机

出站闸机方向指示器显示绿色箭头，表示通行；方向指示器显示红色交叉，表示禁止通行。

（2）站厅

站厅是换乘列车的中转层，其主要作用是集疏客流，为乘客提供售、检票等服务。在站厅层的两端一般设有设备用房、管理用房及生活用房。站厅层一般分为付费区和非付费区。根据客流的大小，在不影响客流集散的同时可以设置商业用房。

站厅的作用是将由出入口进入的乘客迅速、安全、方便地引导到站台乘车，将下车的乘客引导至出入口出站。站厅的布置有以下四种：站厅位于车站一端、站厅位于车站两侧、站厅位于车站上层、站厅位于车站两侧的上层或下层。

（二）日常客流组织

车站日常客流组织主要有出入口组织、售票组织、检票组织、乘降组织、限流组织和雨雪天组织等。

1. 出入口组织

①出入口的组织应结合实际的客流状况，当车站设施能够满足客流需求时，采用正常的组织方法，即各出入口全部开放，进出站双向使用，必要时可在出入口处或楼梯上设置分流设施，保证进出站客流不相互干扰，不发生客流冲突。

②对于经过通道与站厅连接的出入口，当客流较大时，可在通道内进行排队组织；当客流过大时，须在出入口处进行限流组织。

③对于与商场、单位连接的出入口，应考虑客流组成和出行特征，当客流较大时，应按照协议与相关单位共同制定措施。

2. 售票组织

①AFC（自动售检票系统）启用后，乘客购票时可选用半自动售票机或自动售票机购票。

②车站可利用一米栏、移动围挡等设施进行排队组织，排队方向应以不影响其他乘客

通行为宜。当排队乘客较多时，可宣传疏导乘客到自动售票机处购票。必要时可使用空闲的半自动售票机预制车票，提高售票速度，减少排队长度。

③在自动售票机前组织乘客购票时，要尽可能充分地利用售票机，分散购票，避免乘客大量集中于少量售票机处。当需要排队时，可利用站厅内客流较少的空间进行组织。

④单程票售票量较大的车站，可在低峰时段预处理车票，高峰时可直接售票，减少售票时间。

3. 检票组织

①AFC系统启用后，乘客进出站时均须检票。在进行检票组织时，应遵循出站优于进站的组织原则。

②进站组织时，应组织乘客由进站闸机进站，提示乘客注意进站闸机上方显示表示设备正常的绿色箭头。

③乘客刷卡进站时，应指导乘客右手持票，站在闸机通道外，按顺序刷卡进站。

④对于无票乘客，引导其至自动售票机或半自动售票机购票，再检票进站。

⑤当大量乘客集中进站时，要组织乘客排队进入，避免在闸机前出现争抢现象，以及乘客因操作不正确或车票问题无法通过而造成的拥堵现象。

⑥在乘客排队进站时，不能阻挡出站通道和路径，以确保出站乘客能够顺利出站。

⑦出站组织时，应组织乘客由出站闸机出站。当乘客使用一卡通时，指导乘客右手持卡，在闸机通道外刷卡出站。当乘客使用车票时，指导乘客右手持票，将车票投入回收口，验票通过。当大量乘客集中出站时，可采用限流措施减缓出站速度，对进站客流与出站客流共用区域的车站，应减小进站客流对出站客流的负面影响。

⑧对于持有大件行李或行动不便的乘客，引导其由宽通道通过。

⑨对于携带儿童较多的乘客，提示儿童先于成人进入闸机通道。

⑩闸机分进站闸机、出站闸机和双向闸机。进站闸机和出站闸机按照设定方向使用。双向闸机可根据客流状况进行调整，调整时须保证优先满足出站客流需求，同时尽量减少进出站客流的交叉，提高通行能力。

4. 乘降组织

①当乘客到达站台后，应向乘客宣传根据车门标志线的位置排队候车。

②对于没有屏蔽门的车站，应宣传"请站在黄色安全线以内候车，不要探身瞭望，以免发生危险"。

③当列车进站时，应关注乘客安全。有屏蔽门的车站，要防止乘客倚靠或手扶屏蔽门，避免屏蔽门开启时乘客被夹伤或摔倒；没有屏蔽门的车站，要确保乘客均站在黄色安

全线以内，特别要注意站台车尾位置，避免有乘客跳下或跌入轨行区，发生危险。

④车门开启后，组织乘客先下后上。请候车乘客站在车门两侧，待下车乘客下车后再上车，避免乘客拥堵，提高乘降效率。

⑤当关门提示铃响后，应阻止乘客抢上抢下。请其等待下次列车，防止车门夹人夹物，影响列车正点发车。

⑥当车门关闭后，观察车门关闭状况。当发现车门或屏蔽门未正常关闭时，若由于乘客或物品被车门夹住时，应劝导乘客等待下次列车或征求乘客同意后协助乘客进入车厢；若为设备原因，应按相关作业办理程序进行处置。

⑦对于楼梯边缘与站台边缘较近的情况，应尽量疏导乘客不要在此滞留，保证足够的通行空间，防止此处拥挤，出现意外。

⑧加强对站台四角的巡视，防止乘客进入区间。

⑨乘客物品掉入道床，要阻止乘客跳下站台捡拾物品，及时使用绝缘工具为乘客提供拾、捡服务。

（三）大客流组织

因天气原因、自然灾害、节假日或大型活动举办等情况，会造成城市轨道交通站点客流突发性增加；同时，随着线路的增加、乘坐习惯的养成，也会导致车站客流日益增加。为做好城市轨道交通大客流组织，及时、准确地应对突发情况，可以从车站级控制（以下简称"站控"）、线路级控制（以下简称"线控"）、线网级控制（以下简称"网控"）三个方面采取相关控制措施确保大客流的安全、有序。

1. 站控

当车站发生大客流，站厅、站台的客流产生拥挤，要及时采取站控，减缓乘客到达站台速度和减少站台乘客数量。车站按照客流组织方法和本站的客流组织专项预案，采取客流控制措施，保证进站、购票、出入闸机以及站台上下车客流组织的安全、有序。车站客流组织办法分别为一级客流控制、二级客流控制和三级客流控制。车站依据"由内至外"的原则，根据现场需要同时采取多种客流控制办法或越级进行客流控制。

2. 线控

随着线路的增加，客流不断增长。客流在时间上分布不均衡，受早晚高峰客流冲击较大，高峰时段线路相对其他时间运能紧张。当本线多个客流较大车站经采取三级客流控制措施后，客流仍无法缓解且有增大趋势时，须采取线控。

目前，国内采用的线控客流组织方式主要有以下两种：

一种是最大限度地将乘客控制在站外，优先保障换乘站运能，且选取的常态限流车站基本为郊区车站。客流达到车站最大通过能力70%时，开始采取分流限售措施；客流达到车站最大通过能力90%时，采取暂时停止售票措施，以缓解高满载率区段的客流压力。

另一种大客流组织主要依据车站客流量和列车满载率两大因素选取限流车站，限流车站主要分布在满载率超过100%的线路。换乘站客流控制遵循"由下至上，由内至外"和"先控制入闸客流，再控制换乘客流"的原则，确保站台安全性，避免客流失控。换乘站大客流时，临近车站配合进行限流。在限流时段内，采取关闭部分自动售票机、闸机、出入口，设置站内外限流栏杆，出入口分批进站以及采取列车跳停等方式缓解高峰客流拥堵，均衡各站进站客流，有效分配线路运输能力。

3. 网控

随着线网运营的不断深入，客流量将持续攀升，在运能、设备资源有限的条件下，运能与运量的矛盾日益突出，从而加剧了客运组织压力。客流量的急速增长会导致线网多个车站客运安全工作的正常运行。

做好路网客流分析，能为城市轨道交通的发展提供重要参考依据，同时对安全隐患的预防、应对措施提前做好准备。

线网客流组织工作是一项充满挑战性的工作。要提升线网客运组织管理水平，应将城市轨道交通理论知识与现场实际情况相结合，运用科学的管理方法和手段，以现场操作为核心，采取以"主动计划性地控制"取代以往"被动应急性地控制"的措施，持续改进和创新，不断提升线网客流组织管理水平，进一步优化客流组织工作，为广大市民提供安全、快捷的服务。

（四）客流组织优化措施

客流会随着城市轨道交通线路的不断增加及乘客乘坐习惯的不断养成呈现动态变化，因此，城市轨道交通的客流组织也要根据客流的变化进行不断的修正、优化。

通常情况下，优化客流组织工作主要从以下几个方面考虑：

1. 客流控制策略的调整

目前，国内很多城市轨道交通站点在出现大客流时，多为突发性的，但通过分析，绝大多数客流的发生都有一定规律。比如，早晚高峰大客流、周末大客流、节假日大客流以及大型赛事或活动散场大客流等。通过大数据分析等手段，对有一定规律的客流进行系统分析和论证，总结归纳出客流控制的启动时机、启动站点、控制的等级等，将客流控制策略从"被动应急控制"调整为"主动提前干预"，确保现场客流始终处于有序、可控状态，为确保客流组织安全打下坚实的基础。

2. 联控站点的调整

随着客流的动态变化，客流组成、分布等也会出现相应的调整。应该根据城市轨道交通自动售检票系统对客流数据的采集，结合列车满载率情况，通过系统的分析和论证，科学选取联控站点，合理分配要进行联控的客流数量。

3. 人员布岗的调整

客流组织的人员布岗根据客流控制等级主要安排在出入口、站厅购票处、站厅进出站、站厅至站台连接部位以及站台，工作人员由站点站务人员、志愿者、管理人员等组成。对于人员布岗的调整，包括布岗位置的调整和布岗人数的调整，在采取客流组织时，可以根据客流的大小来合理安排人员的布岗位置和人数，确保人员安排的合理性和科学性。

4. 站内进出站流线的调整

客流组织主要考虑的方面为进站客流、出站客流、购票客流、换乘客流等流线顺畅不交叉，各流线上的容纳能力及车站的乘降客流量能满足要求。但是站点客流会由于站外环境的变化、线网的变化等原因发生进出站客流集中的出入口、时段等的变化。因此，城市轨道交通站点要根据站点客流的变化，不断优化客流组织流线的设计。

5. 客流控制信息的公开

加大客流控制的信息公开，一方面便于乘客对出行时间的合理安排，另一方面也便于乘客对城市轨道交通客流控制的理解。可以通过预告客流控制信息、动态公布客流控制信息、主动告知乘客等待时间等方式加大客流控制信息的公开性，尤其是针对城市轨道交通"常客"（通勤客流等）更应重点宣传，便于广大乘客的理解和配合。

6. 增加人性化服务举措

为了确保客流控制的安全性和保证客运服务的质量，在客流高峰期，车站须重点关注老、幼、病、残、孕等特殊乘客，迅速反应，及时主动给予帮助；特殊时期，如高考、中考或大型赛事时给予考生、运动员等开辟绿色通道主动引导其快速入站，确保特殊乘客的出行畅通无阻。

二、服务质量控制与管理

城市轨道交通系统产品的目标是依靠设备设施的合理布局、合理引导、热情周到的服务来实现最大限度地方便乘客完成乘车全过程。在此过程中，要求服务人员在为乘客提供规范服务的基础上，为乘客提供有特色的优质服务和人性化、精细化的岗位品牌服务，创建城市轨道交通企业形象和服务品牌。

（一）城市轨道交通服务的特点

城市轨道交通的"产品"是乘客的位移以及这一位移过程中提供的服务。城市轨道交通企业就是以提供足够好的"产品"作为自己的目标，以满足广大乘客的需求。城市轨道交通运输生产具有服务性的特征，这种服务特征概括起来可以有以下三点：服务对象的广泛性、服务方式的多样性以及服务时间的规律性。

1. 服务对象的广泛性

城市轨道交通服务的对象是所有乘坐城市轨道交通的乘客，城市轨道交通服务的需求广泛地存在于人们的各种活动之中，并且带有普遍性的需求。在大中城市中，城市轨道交通作为城市客运的主体之一，为各种职业、各个层次的城市居民和流动人口提供客运服务，具有广泛的社会效益。城市轨道交通网络覆盖城市的各个区域，连接中心城市与郊区各地，是沟通人们交往的渠道，点多面广，产生的影响也十分广泛。

一个城市的城市轨道交通不仅仅是为了满足日常居民的出行要求，也是一个城市的标志性窗口行业。因为城市轨道交通不仅仅是一个为人们提供了位移服务就达到了企业目标的企业，它所承担的更多的是整个社会的社会效益，涉及的影响面也是十分广泛的。

2. 服务方式的多样性

面对城市的迅猛发展、人民生活水平的提高，人们对于服务的要求变得越来越高，不同层次与年龄段的人们对服务提出了不同的要求。在这种情况之下，要面对的突发情况也变得多样化。在服务上，要充分考虑估计面临各种问题时相适应的处理能力，服务方式变得尽可能多样化，不能再单单局限于传统的服务模式。除了可以在人工服务方面加强培训、管理与监督之外，还应该增加各种设施设备，并不断提高这些设备设施的功能和服务水准，与人工服务形成互补，组成一个整体。面对人们多种多样的服务需求，应改变单一的服务方式，让人们有更多选择服务方式的空间。

服务方式多样性产生的根本原因在于服务对象存在着广泛性。对于不同年龄层次、各种职业的人来说，他们所渴望得到的服务也是不同的，只有服务方式相应做出调整，才能满足对象广泛性的需求。例如，在城市轨道交通服务设施中增加一些残疾人使用的设施，如盲道、大键盘按钮、坡道等，虽然不能在方方面面都考虑周全，但在某些服务环节中尽可能表现出服务方式的多样性，给人以服务细致的感觉，也是提高服务质量水平的良好举措。

3. 服务时间的规律性

城市轨道交通服务活动根据乘客的出行规律，科学合理地组织运营，尽可能地满足城市多数居民不同的出行，以提供满意服务为主要目的。城市轨道交通的服务时间是根据人们的生活工作时间而制定的，以满足乘客出行需求与运营设施设备维护保养需求，兼顾两者，对服务时间做出规定，有利于满足乘客的派生需求，避免不必要的投诉纠纷，并且为树立城市轨道交通在乘客心目中良好的形象打下基础。在各个车站的橱窗内或公告栏上告知乘客首末班车时间、列车的时间间隔等信息，让乘客有目的地选择。与乘客之间沟通的信息要体现服务的规律性和普遍性。

（二）服务质量

服务质量是指服务能够满足规定和潜在需求的特征和特性的总和。是指服务工作能够满足被服务者需求的程度，是企业为使目标乘客满意而提供的最低服务水平，也是企业保持这一预定服务水平的连贯性程度。

1. 服务质量内容

服务质量是乘客感知的对象；服务质量既要有客观方法加以制定和衡量，也要按乘客主观的认识加以衡量和检验；服务质量发生在服务生产和交易过程之中；服务质量是在服务企业与乘客交易的真实瞬间实现的；服务质量的提高需要内部形成有效管理和支持系统。

2. 服务质量要素

主要从五个方面判断服务质量：可靠性、响应性、职业性、移情性、有形性。

3. 提高服务质量的方法

提高服务质量，要从"心""语""手""机"四个方面来入手。"心"是第一位的，提高服务质量首先应从"心"开始；"语"是服务用语，要尽可能使用文明用语，并注意措辞和语气语调等；"手"原意是身体的一部分，采其引申义，身体语言、服务礼仪；"机"是"心机、用心、机动灵活"的意思。

"心""语""手""机"这四个字只是提高服务质量的基础。只有不断学习，与服务对象和谐，与全社会和谐共生，永葆良好心态和品质，才能切实提高服务质量。

（三）服务管理

就城市轨道交通运营管理而言，如果没有服务管理的支持，单单只有硬件设施设备，日常的运营活动是不能进行的。服务管理是展示企业形象、保证社会效益与企业经济效益的重要环节。服务管理是运营企业管理水平的综合体现，它直接面向乘客，呈现多样化、内容复杂化的趋势。服务管理有狭义、广义的解释。狭义的服务，又称车厢服务，是指在运营车厢内为乘客提供的乘车条件总和；而广义的服务，是服务质量和服务专业管理的总称。在现今社会中，研究的不仅仅是运营车厢中的服务，现在的服务管理，多数是对广义服务管理的诠释，注重服务质量的管理。

1. 服务管理职能

服务管理作为管理中的一类，也有计划、组织、控制、激励等主要职能。明确了服务管理的职能，也就能根据实际情况、针对各类不同的要求制定具体的服务标准，以达到最终提高服务质量、优化服务质量监督体系的目标。

2. 服务管理标准

标准是衡量事物的准则，按标准的属性不同，可以分为管理标准、工作标准、技术标准。服务管理标准是管理标准中的一类，是针对服务而设定的管理标准，按照其适用的范围不同，标准又可分为国际标准、国家标准、地方标准、行业标准与企业标准。对于服务管理标准的制定，要从根本上配合综合交通规划，标准要实用、可靠、规范化。

对于运营企业而言，可制定客运类制度。如城市轨道交通客运服务，包括为客运服务的基本要求、服务管理、服务质量、服务设施、服务安全和服务环境提供依据规定。

3. 服务质量管理

要使城市轨道交通服务的质量不断提高与完善，加入管理的因素是必要的。服务不仅仅是停留在传统意义上的服务，不要单纯地想象为"为乘客提供了位移，就是提供了服务"，现在的服务已经远远超出了传统服务的意义，更重视服务的深层次内容。

（1）服务质量管理内涵

对于城市轨道交通服务质量的管理，最终还是要落实到各个具体指标的管理上，毕竟服务质量管理只是描述了整体的管理轮廓和构架。管理轮廓较模糊，没有非常具体的目标和方向，管理容易变得盲目，给实际工作中的管理带来了很大的不便。所以，服务质量管理尤其关注各项质量指标，诸如列车的兑现率、正点率、投诉事件发生率等有关影响服务质量的指标是可以进行量化统计的，这也对服务质量的评价带来了诸多益处。

（2）服务综合质量指标

在城市轨道交通系统中，所涉及的指标涵盖着该系统中的方方面面，服务综合质量指标是运营过程中所能涉及的一系列指标的总和，这些指标与乘客的一次出行直接相关、与客运组织服务直接或间接相关。把乘客"进站、购票、进站检票、候车、乘车、出站检票、出站"等一系列活动中出现的可能涉及的指标进行合理的划分、归类，对指标做出系统的整理，也有利于对服务质量的监督管理。服务综合质量指标可以说是针对乘客需求而制定的指标。

根据乘客在各环节中的不同需求以及对设施设备的不同要求，可以对服务综合质量指标进行一定的细分与归纳。主要把服务综合质量指标分为四个部分：运营调度质量、安全行车质量、车辆维修保障质量、规范服务质量。

城市公共交通服务质量的好坏主要通过安全性、准时性、方便性、迅捷性、舒适性和经济性等六个方面内容来体现，而这六个方面又具体落实到服务综合质量的各个指标上。城市轨道交通作为城市公共交通的一种方式，对城市轨道交通服务质量进行监督，最终也落实到对服务综合质量指标的考核评价上。

规范服务质量，主要是针对车站客运组织而言的，反映车站工作人员等完成服务的情况，按照乘客从进入某一个车站开始，到完成一次出行为止，把规范服务的种类分为三个部分：车厢服务合格率、站台服务合格率、车辆清洁合格率。这些指标很大程度上能反映城市轨道交通的舒适情况，所以也作为服务质量评价的标准，是质量评估的依据之一。而且车站的客运组织服务可以说在整个运输环节中占到的比重最大，乘客从进入车站开始，一直到出站，整个过程中，最直接面对的就是车站的服务，所以反映规范服务质量的指标也是相对最重要的指标之一。乘客期望在此服务之下，得到对城市轨道交通方便性、舒适性的需求。

（3）服务管理考核指标

在服务过程中，有些指标是能直接体现员工服务水平的，进行统计分析后，作为主要服务工作中考查核定的标准，列入服务管理考核指标。这些指标通常都可以有具体的数据做出定量的统计，对考核来说是客观、公正、有科学依据的。

服务管理考核指标主要有列车正点率、列车运行图兑现率、有效乘客投诉率及有效乘客投诉回复率。

①有效乘客投诉率。有效乘客投诉率是指有效乘客投诉次数与客运量之比。

有效乘客投诉率＝有效乘客投诉次数/客运量×100％

②有效乘客投诉回复率。有效乘客投诉回复率是指已经回复的有效乘客投诉次数与有效乘客投诉次数之比。

有效乘客投诉回复率＝已回复的有效乘客投诉次数/有效乘客投诉次数×100％

有效乘客投诉应在接到投诉之日起，7个工作日内回复，超过7个工作日按未回复处理。

第二节 城市轨道交通票务管理

一、售检票方式及其自动化

售检票作业是轨道交通为乘客服务的环节之一。在售检票过程中，乘客希望有一个方便、快捷和文明的服务，运营企业也希望通过让乘客满意的服务来树立良好的企业形象和吸引更多的客流。

（一）售检票方式

1. 开放式售检票

开放式售检票是指车站不设检票口，乘客在上车前或在列车上付费，车上有随机查票，并进行补票与罚款的售检票方式。这种售检票方式一般为客流量较小的轨道交通线路采用，要求国民素质相对较高，并且通常都有政府的财政补贴。实践中，采用这种售票方式的轨道交通线路仍存在车费收入流失现象。

2. 封闭式售检票

封闭式售检票是指车站设检票口，乘客进出收费区进行检票并完成收费的售检票方式。

这种售检票方式能减少或杜绝无票乘车现象，减少或避免车费收入的流失。封闭式售检票有传统的人工售检票和先进的自动售检票两种方式。

（二）自动售检票系统

1. AFC 系统技术制式

AFC 系统是集电子技术、计算机通信和微机实时控制于一体的自动收费系统和数据库系统。在轨道交通 AFC 系统的发展过程中，先后出现过磁卡 AFC 系统、磁卡和 IC 卡兼容 AFC 系统、IC 卡 AFC 系统三种技术制式。

2. AFC 系统的组成与功能

AFC 系统由中央计算机系统、车站计算机系统、车站 AFC 设备和票卡四个层次组成。

（1）中央计算机系统

中央计算机系统包括小型机系统、数据库系统、监控工作站、数据传输设备、票卡编码及初始化设备等，其基本功能有以下几点：

①将运营模式、票价表等系统控制与执行参数和黑名单信息等下达给车站计算机系统。

②接收来自车站计算机系统的票务、客流和维修信息，建立 AFC 数据库，分析 AFC 数据并生成各类运营报表。

③实时监控车站 AFC 设备，接受及处理外界侵犯或紧急报警。

④对新车票进行编码等初始化处理，以及自动分拣各类车票、剔除废票等。

⑤与其他票务清算系统连接，进行数据交换和实现数据共享。

（2）车站计算机系统

车站计算机系统包括车站计算机、监控工作站、数据传输设备等，其基本功能有以下几点：

①将来自中央计算机的系统控制与执行参数、黑名单信息等下载给车站的各台 AFC 设备。

②定时收集 AFC 设备的状态信息和运营数据，并经过处理后发送给中央计算机系统。

③实时监控车站 AFC 设备的运行状态。

④紧急情况下，可由车站计算机发出指令或通过紧急开启装置，使检票机处于自由通行状态，便于乘客快速疏散。

（3）车站 AFC 设备

车站 AFC 设备包括检票机、自动售票机、半自动售票机、自动验票机和自动加值机等。

（4）票卡

轨道交通使用的票卡，目前主要是磁卡和非接触式 IC 卡两种。磁卡通常用于单程票、多程票和纪念票等票种，非接触式 IC 卡通常用于储值票和员工票等票种。

3. AFC 系统运营模式

通过中央计算机或车站计算机的设置，可使 AFC 系统处于不同的运营模式，以适应列车故障、大客流集中进站等各种非正常运营情况和火灾等紧急情况，确保乘客的利益或安全。

（1）正常运营模式

采用计程、计时收费运营方式。乘客进出收费区均须持有效车票通过检票机检票后方能通行。检票机根据中央计算机设定的参数，自动扣减车资，储值票在显示余额后返回给乘客，单程票则进行回收。如车资不足或超过时间，乘客须补票。

（2）特殊运营模式

①列车故障时的运营模式。当列车故障时，部分车站可能处于停运状态，此时通过中央计算机或车站计算机的设置，允许已进入收费区的乘客和从故障列车上下来的乘客不收费通过出站检票机。单程票将不回收，乘客可在一段时间内（一般为 7 天）继续使用。如果乘客不准备继续使用，也可退票。

②超时、超程忽略的运营模式。由于站台拥挤、列车故障和发生事故等原因，使列车跳站停车或运行时间延长，中央计算机或车站计算机可将有关车站设置为"超时忽略"或"超程忽略"运营模式，对乘客车资不足或超过时间不再补票。

③大客流集中进站时的运营模式。在大客流集中进站，而进站检票机能力不足时，车站可发售"应急票"，乘客持"应急票"不通过进站检票机进站，此时中央计算机或车站计算机将其他车站设置为"进站检票忽略"运营模式，允许持"应急票"的乘客通过出站检票机正常出站。

④紧急情况下的运营模式。当车站发生火灾、爆炸等危及乘客人身安全的情况时，为及时疏散收费区内的乘客，中央计算机或车站计算机将该车站设置成"紧急"运营模式。此时，检票机的闸门处于自由通过状态，乘客能尽快地撤离。

⑤高峰/非高峰运营模式。通过中央计算机的设置，将每日的运营时间分为高峰时段和非高峰时段。在非高峰时段，对票价实行折扣优惠，以吸引客流或鼓励乘客在非高峰时段乘车。

二、车站票务管理

票务作业作为车站日常工作的重要组成部分，是城市轨道交通运营企业向乘客提供售检票服务、完成收益结算及实现财务管理的重要环节，是运营管理工作的组成部分。

（一）售票员上岗及开窗售票的作业流程

1. 售票员上岗

售票员在客运值班员处领取各种车票、备用金，并与相应的售票员结算单上的数量核对无误后，在售票员结算单上签收。签收完毕后，售票员还须领取车站票务中心钥匙，并做好相关登记工作。

2. 售票员开窗售票

售票员售票前使用自己的操作号和密码在系统上登录。售票时必须遵守"一收、二唱、三操作、四找赎"的步骤。"一收"是指收取乘客票款;"二唱"是指清楚地讲出票款金额,重复乘客要求的购票张数和车票类型;"三操作"是指检验钞票真伪,在半自动售票机上选择相应功能,处理或出售车票;"四找赎"是指清楚地讲出找零的金额和返还给乘客的车票张数,将找零和车票一起交给乘客。在将车票交给乘客之前,必须使用半自动售票机进行分析,确保每一张车票的有效性,并通过乘客显示器请乘客确认。售票员中途离开车站票务中心,可不退出半自动售票机,但必须使半自动售票机在视线范围内;若半自动售票机不在视线范围内,则售票员必须退出半自动售票机,且应有厅巡在该端站厅处引导乘客,售票员在报车控室后方可离开。若车票、备用金不足,售票员必须及时通知客运值班员,要求补充,并在售票员结算单、客运值班员交接班本上注明,做好交接工作。

需要有人顶岗时,不允许借用车票、现金,顶岗人员必须使用自己的密码、操作号登录半自动售票机。售票员必须将本班所有现金、车票、报表放入上锁的售票盒中。

(二)售票员配票及结账的作业流程

1. 配票前的准备工作

①将乘客事务处理单、特殊车票退款表放在售票盒底部。

②清点备用金。将硬币装入钱袋,袋扣收扎好;将纸币装在票盒内,按金额大小分别放置。

③客运值班员根据硬币及纸币金额填写车站售票员配票及结账现金明细表的日期、班次及各面值配备数量,在客运值班员交接班本中对纸币及硬币进行记录,在售票员结算单中对备用金配备情况进行登记。

④客运值班员在售票员结算单和客运值班员交接班本中对行李票及其他车票的配备情况进行登记。

2. 配票

①当日首班售票员在行车值班员处领取车站票务中心及半自动售票机钱箱钥匙,并做好钥匙借用登记。

②售票员在车站票务室打开售票盒,按照售票员结算单上的备用金及各种车票配备数量,逐一清点。

③清点无误后,售票员及客运值班员分别在车站售票员配票及结账现金明细表中"售票员""客运值班员"处盖章;售票员及客运值班员分别在客运值班员交接班本中"售票员""值班员"处盖章;售票员及客运值班员分别在售票员结算单中的"配备现金金额"

后盖章，共同确认配备现金及车票数量正确无误。

④售票员领齐售票盒挂锁和钥匙后，将售票盒放入上锁的手推车中，由客运值班员陪同上岗。

3. 结账

①在清点所有现金后，客运值班员将各面值回收数量填写在车站售票员配票及结账现金明细表上，并在客运值班员交接班本中记录本班回收纸币和硬币的情况，在售票员结算单中记录实收总金额。

②逐一清点各票种，并对"关窗张数""售出张数""废票张数"及"售出金额"进行记录；按充值金额的不同，清点充值次数和充值次数累加记录，金额及次数的乘积之和即充值总金额。

③上交单据。售票员结账时要将交通卡充值小单、票箱卸载/更换小单、正常情况下单程票退票小单等一并上交给客运值班员。

④加封上交车票。

⑤客运值班员填写车站营收日报。

（三）车站现金的交接和加封

1. 车站现金的交接

在进行现金交接时，交接双方必须做好交接记录。

当发生对账不一致时，应由值班站长立即上报票务管理的相关工作人员，及时组织调查并将调查情况上报。

2. 车站现金的加封

车站所有现金的加封均须双人负责。现金可用钱袋、信封、砂纸加封，加封后必须保证一经破封就无法复原。

（四）车站现金的运作管理

1. 自动售票机现金的管理

自动售票机的钱箱一般由客运值班员负责安排更换。在运营期间更换钱箱时，须设置"暂停服务"牌。更换完毕，确认自动售票机已恢复正常服务状态后，撤除"暂停服务"牌，并立即将钱箱送返点钞室。

2. 收到其他票款的管理

一般情况下，值班员在收到自动售检票系统维修人员或厅巡员上交的现金后（在自动售票机出币/出票口或其他地方拾获），必须要求拾获人员在车站营收日报上备注并签名。严禁售票员收取自动售检票系统维修人员或厅巡员上交的现金。

3. **备用金管理**

（1）不同用途下备用金的管理

车站票务运作的备用金主要用于自动售票机找零、乘客兑零、储值票和特殊情况下的退款及乘客异常事务退款。备用金的使用范围应严格控制，不得挪用，各站之间不得调拨和借用。

（2）备用金管理的相关规定

车站在对票务备用金的管理中，要严格做到以下几点：

①票务备用金每班交接都要清点，若有异常情况，应登记备案。

②严格执行"收支两条线"的财务管理制度。车站票务备用金应单独使用及保管，不能与当日的车站票款收入混淆管理，更不能出现坐支现金的现象。

③车站票务备用金除配备在售票设备的找零钱箱及客服中心外，一律存放在保险柜中，并由专人保管，不得解行。

④必须按规定用途使用车站票务备用金，不得因私借用或挪用车站票务备用金。

4. **票款解行管理**

票款收入一般要求每日按时解行，不得在车站过夜保管。解行方式视具体情况而定。

解行方式选择打包返纳或直接解行。各站可结合本站的特点及银行的服务时间确定解行时间。解行一般由车站客运值班员和另一名车站员工负责，另一名车站员工负责运送途中的安全。

解行工作可委托专门的押运公司。

票款解行时须注意以下事项：各站所有的隔夜票款、早班自动售票机钱箱收入及半自动售票机收入（隔夜票款可视各站情况，尽量在上午解行），必须在每日下午银行停止营业前全部解行（直接解行）。为确保安全，车站应将中班票款尽可能多地存入银行，尽量减少留存在车站的隔夜票款。

5. **现金借用管理**

原则上，车站的票款和备用金不得借作他用。当有特殊情况要借用车站现金时，须经票务管理部门和财务部门批准方可借用。

（五）票据与报表的管理

1. 票据的管理

车站在接收配发的报销凭证和发票时，须认真核对凭证种类、数量，确认无误后，方可在票卡、报销凭证及发票调配单上签字；接收报销凭证和发票的同时，填写票卡、报销凭证及发票调配单，将发票存根交回；领取报销凭证和发票后，及时在车站票据及管理卡库存管理台账上填写相关记录。

对于报销凭证和发票的管理，各岗位人员应对交接、库存变化和开具情况进行登记。车站下发报销凭证和发票时，应及时在车站票据及管理卡库存管理台账上填写相关记录，由值班站长或车站督导员签字确认；车站应根据乘客购买车票面值或 IC 卡的收卡、充值单开具报销凭证或发票，同时收回充值单，不得虚开凭证。车站上交发票存根时，应按面值分箱封装，并在相应的管理台账上及时记录。

城市轨道交通运营企业所使用的票据有定额发票和手写发票两种。

2. 报表的管理

城市轨道交通运营企业的票务工作纷繁复杂，工作人员每天都要整理当天的票务工作，填写相应的台账和报表。票务报表是记录车站现金交接，收益汇总，车票交接、发售、站存的原始台账，也是结算部门对站务员进行收益结算的原始依据，在车站票务工作中起着非常重要的作用。

（1）常用的报表

①售票员结算单。售票员结算单是票务员在结算过程中最常用的报表。当值班员给票务员配发车票、票据、备用金或追加车票、备用金，值班员预收款或与站务员结账时，要填写售票员结算单，以便记录票务员售票的现金变动情况，从而核算票务员的实际票款收入。售票员结算单主要包括票务员和值班员班次、自动售票机设备号、配备备用金金额及各类车票配出张数、回收张数、发售张数、实收金额等内容。车票发售张数根据配出张数与回收张数的差额计算填写，实收金额根据票务预案回票务收益室后清点所有的现金所得金额减去所配备的备用金金额后填写，作为票务员实际收益结算的依据。售票过程中出现的一些异常现象可在备注栏说明。

②钱箱清点报告。钱箱清点报告由车站值班员在每次更换完自动售票机钱箱进行清点时填写，用于记录自动售票机钱箱的收益。每天所有自动售票机钱箱实点金额扣除车站补币金额的所得金额就是车站当日自动售票机的票款收益。

③车站营收日报。车站营收日报由每班值班员根据钱箱清点报告、售票员结算单和自

动售票机打印的补币单等记录填写，用于体现车站每日的运营收入情况。值班员须逐项填写钱箱票款、钱箱差额、补币金额、半自动售票机票款、乘客事务差额等来计算自动售票机收入和票务员收入，形成车站营收总金额，并记录票款解行情况。

④乘客事务处理单。乘客事务处理单一般用于车站发生自动售票机少找零、卡币、卡票、发售无效票等特殊情况，须在半自动售票机上进行相关乘客事务处理时填写。其用于记录票务员进行的有关乘客事务的处理情况，与售票员结算单一起作为票务员收益结算的依据。

（2）报表的填写及保管

车站在报表的填写、保管等方面都须严格执行相关收益安全管理规定，以免因报表填写不规范和保管不当而对票务收益安全造成影响。车站的报表分为用于车票管理和用于现金管理两类。

（六）运营结束后的作业

1. 钱箱更换及清点作业

（1）钱箱更换作业

钱箱是自动售票机的主要零部件，一般包括硬币钱箱、纸币找零钱箱、纸币回收钱箱和废钞箱等。钱箱更换作业一般是由客运值班员进行操作。若在运营时间更换钱箱，则须设置"暂停服务"牌。钱箱更换完成后，在确认设备恢复正常服务状态后，方可撤除"暂停服务"牌，并将钱箱送还车站票务管理室。

（2）钱箱清点作业

钱箱清点是收益管理的重要环节，必须严格把控。通常情况下，涉及现金的清点必须在车站票务管理室由客运值班员和另外一名站务人员共同完成。

2. 票款收缴作业

车站的票款是车站现金的重要组成部分，应严格执行财务管理规定，严禁坐支票款，要分区管理票款和备用金。

车站票款主要有自动售票机售票收入、自动充值机出票充值收入、票务处半自动售票机售票和充值收入、临时售票亭售票收入等。对于车站的票款收入，要求每日运营结束后进行清点、登记、系统录入、封装和解行。

三、票务清分结算管理

（一）清分与清分模型

所谓清分，就是把服务接受者（包括乘客、票卡等运营对象和收益，即系统的清分对象）所上交的全部利益，按照各服务提供者（包括车站、线路、运营机构等运营实体，即利益的分配主体）的贡献进行有效的利益分配。

清分也称清算，是指清算中心按照一定的清分规则将合法交易数据对应的资金进行清分，并将清分的结果详细列示出来。

清分模型由清分主体、清分原则、清分比例三大要素组成。

①清分主体为收益分配的主体。常见的清分主体有运营主体、线路主体、区域主体和发卡主体四类。目前，国内的主流是按线路进行清分，然后按线路所属的运营企业进行清算。

②清分原则为路径选择原则，即如何确定乘客选择的乘车路径。常见的清分原则有路径最短原则、时间最少原则、换乘最少原则等。

③清分比例为各清分主体的收益分配比例。当按清分原则确定乘车路径后，就要量化路径中各清分主体所提供的运营服务质量，然后根据"多劳多得"的原则进行收益分配。

（二）结算与清分规则

1. 结算

结算是指清算中心按照清算结果将资金划拨给相应的收益方账户，完成资金的实际交收。

2. 清分规则

清分规则是指交易金额、费用如何在不同的利益主体之间进行分配的规则，是清算中心进行交易清分的依据。其包括城市轨道交通系统与市政交通一卡通系统的清算对账和城市轨道交通各线路的清分对账。清算对账由城市轨道交通清算管理中心完成，其中一卡通对账由清算管理中心和一卡通中心完成，各线路对账由清算管理中心和各线路中心或线路集中控制中心完成，并生成相应的对账报告。

（三）清分对象与清分受益方

1. 清分对象

票务清分系统模型构建中，最重要的是明确收益的清分对象，即清分主体、运营主体、线路主体、区域主体、发卡主体五个主体。一般而言，清分主体为城市轨道交通网的清算中心；运营主体为城市轨道交通运营企业；线路主体为线路的所有权拥有者；区域主体为线路组成的区域，即路网中某组成部分的所有权者；发卡主体即发行储值票或轨道交通专用票卡的票卡发行商。

2. 清分受益方

城市轨道交通系统中参与清算的收益主体包括票卡发行商、售票代理商、运营企业、清算商。

（四）清分算法

1. 路网模型描述

（1）城市轨道交通路网的数学图形描述

①节点。节点是指普通车站或换乘车站（两线换乘生成两个虚拟节点）。

②有向边。有向边是指两个相邻车站，即节点之间有方向的连接弧（两个相邻车站之间分上下行的区段）。

③边权值。边权值是指路段某个或某些特征属性的量化表示。根据不同的最优目标，可以选择不同的路段属性，路段属性一般用阻抗来表示，如将路段长度、路段费用、路段通过设计等作为该路段对应弧的权值，或称为路段的权重。换乘站内部的边权值用它的节点阻抗来确定，而普通车站之间或者普通车站与换乘站之间的边权值用它们之间的路段阻抗加上第一个节点的节点阻抗来确定。

④权值。在规定了节点、有向边和边权值之后，便将整个城市轨道交通路网转化为一个带权值的有向图，从而把确定的路网上的乘客出行路径选择转换为几何图论中的 K 条短路径搜索。但是路径搜索要注意一个问题：如果起始站是换乘车站，那么同一个换乘站对应的若干车站到任意车站的 K 条短路径的数目和其对应的阻抗应该完全相同。

根据不同的最优目标，可以定义相应的路段权重，反映到图上，就是各条有向边的权值。权值是寻径的重要依据，一般有以下几种选取方法：将出行距离最短作为最优目标，选取路段长度作为路段权重；将出行时间最短作为最优目标，选取换乘次数或车辆班次的间隔时间作为路段权重；将出行费用最小作为最优目标，选取该路段上的乘车费用作为路段权重。

（2）与路网模型描述相关的名词和概念

为了便于解释路网换乘清分的解决方法，要明确以下几个名词和概念：

①线路。线路是指城市轨道交通车辆的运行路线，它以唯一始发点、经过点、唯一终

点为路线界线。

②路径。路径是指从站点 A 出发、到达站点 B 的路线，因为轨道交通的网状拓扑，所以 A 站到 B 站存在多条路径。

③路段。两个相邻车站之间由通道连接，这段通道称为路段，其为组成路径的最小单位。对于跨越多条线路的环城路径，其是由以实际换乘点为断点的线段组成的，而每条线段属于且仅属于一条线路，此线段即路段。

④换乘次数。换乘次数是指遍历路网拓扑时经过换乘点且发生实际换乘的最大换乘次数。

⑤路网状况信息。路网状况信息包括站与站之间的距离、换乘站的位置、车次间隔时间、换乘站的换乘步行时间、车站客流量。

⑥乘客对各因素考虑的权重。乘客对各因素考虑的权重包括乘车时间、换乘步行时间、车厢舒适度、由车次间隔时间引起的候车时间等。

2. 人为比例分配方法

根据某些轨道交通运营机构的管理需求，清分时也可以将整个轨道交通路网作为一个整体考虑。通过对整个网络中每条线路的里程数、走向、客流量和服务质量等进行综合评估后，人为规定每条线路在整个轨道交通网中的关于所有跨线换乘票务收益的清分系数，这种清分方法称为人为比例分配方法。

当运营结束后，清分系统将对各线路按照既定的清分系数进行清分。采用人为比例分配方法时，对于任意两个站点之间的某一笔换乘交易不单独考虑清分。

3. 最短路径法

最短路径法是指在假定出发站与到达站之间的乘客全部选择最短路径的基础上，将运费收益分配给最短路径上做出贡献的运营主体的清分方法。该方法比较简单，在路网规模不大、结构简单、清分精度要求不高的情况下，可以作为确定运费清分比例的可行方案。按照最短路径确定的清分规则，分别算出任意两个可换乘互达的站点最短路径的通路即可，因此实施起来较为简单。

最短路径法主要有以下几个特点：

①根据存储的路网基本信息数据自动建立全路网的网络模型。

②根据路网模型按里程最短路径算法计算出任意站点间的最短路径。

③根据最短路径计算出站点间的换乘信息。

④根据最短路径分析出站点间的换乘信息。

⑤根据最短路径计算各站点间的票价。

最短路径法的不足之处在于，如果在城市轨道交通实行多线路的路网模式中，只考虑利用最短路径法进行计算、清分、结算，有可能不能完全反映实际乘客乘坐线路的情况。乘客在选择线路时需要考虑旅行时间、换乘距离、舒适度、旅途过程是否拥挤等诸多因素。而最短路径法只提供了一种路径用于客流统计，对于复杂的路网情况不符合，甚至会造成换乘收益清分不公的现象。

4. 多路径影响法

最短路径法只考虑到最短里程这一要素，但旅行时间、换乘时的步行距离、线路和车站的拥挤情况及换乘次数等都可能成为实际影响乘客选择乘车路线的因素。所以，单纯以站点间最短路径作为唯一的清分要素不符合网络化轨道交通路网的实际情况，也不利于采用计程和递远递减的票价方案。

轨道交通路网的寻径方法一般应将最短路径与合理路径结合起来考虑。其中，票价的费率制定采用最短路径进行寻径，而票款收益清分则使用合理路径进行寻径。

一对站点之间可有多个路径，乘客会按其喜好选择一条路径出行。不同的乘客喜好不同，会选择不同的路线。因此，最短路径和一些不是最短的路径都有可能被采用，只是它们被采用的概率不同。采用最短路径原则寻径可以得到两站点间里程最短的路径，采用合理路径原则寻径将会得到两站点间的多条路径。由于这些路径都可能被采用，所以对与这些路径有关的路段都要考虑按一定比例参与收益的分成。

多路径影响法是指对于从车站 A 到车站 B 的每条可能的路径都确定一个选乘概率，在确定参加选择路径的最多数量后，认定的选择路径是确定路径长短排序后参加分配的路径数量结合选乘概率后确定的。这样，某路径上的收益方应得的某笔票款的清分收入份额，就应该是其在所有可能路径中的所有允许参加分配的路径与被选乘的概率乘积之和除以票款所得。

多路径影响法考虑到乘客实际乘车路径不唯一的情况，确定一到多条的乘车路径参与清分。该方法可以清分换乘票款，但很难清分换乘交易，因此对统计线路的换乘运载量有很大困难。

5. 最短时间法

对于城市轨道交通来说，由于车站之间的里程是确定的，因此一般情况下总是用最短里程来搜索路径。但是，对于大部分乘客来说，其对于出行距离的概念是比较模糊的，而旅程花费的时间却是每个乘客非常关注的，因而不仅要将运送距离作为主要的考虑因素，还要引入"时距"的概念。而且乘客选用轨道交通和选择乘坐路径的出发点多数是节省时间，因此可以用最短时间法来确定路径。

6. 多因素修订综合优选多路径法

由于路网中同样两点间的路径不唯一，因而影响乘客基础性路径选择的因素较多。多因素修订综合优选多路径法是建立在多路径算法基础上的，以乘客出行选择因素作为修订依据的清分算法。

由于乘客是否选择某条换乘路径在现实中具有统计意义，因此，可以根据选择概率，通过人为修正权重来不断满足实际的运营情况。此时，要考虑的线路主要因素有运营里程、换乘花费时间、发车密度、舒适性等。

多因素修订综合优选多路径法具体做法是：根据各种影响乘客选择路径的因素，将各因素的影响权重作为因子。在因子的作用下，将优先的可选路径扩展到全部可选择路径，得出可能选取路径中各路径的选取概率，由各受益方共同决策，确定出可接受的路径选择概率值，最后根据路径选择概率值计算出各相关路段客流和票款的清分比例。

由于轨道交通自动售检票系统不能得到乘客乘坐路径的确切信息，所谓"点对点精确清分"必然是统计规律上的精确。即当乘客样本足够大时，能够将清分误差控制在很小的可接受范围内，而并非对每个乘客的每一次乘坐都能够进行精确清分。

多因素修订综合优选多路径法考虑了各种影响乘客换乘选择的因素，对实际运营过程中的换乘情况做出了较为贴切的模拟。

第四章　城市轨道交通运营安全

第一节　城市轨道交通运营安全保障体系

一、城市轨道交通安全保障体系概述

建立城市轨道交通安全保障体系，是保障城市轨道交通体系安全运行的重要工作之一。城市轨道交通的安全生产管理，涉及城市轨道交通建设与运营的各个环节和部门，是一个复杂的系统工程。为了抓好城市轨道交通的安全生产管理，政府主管部门、城市轨道交通企业要从强化安全意识，建立城市轨道交通安全工作的长效机制等方面入手，从体制、机制上确保安全生产。

（一）建立城市轨道交通安全保障体系的必要性

安全是城市轨道交通运营管理永恒的主题，"安全第一"也是乘客的基本要求和首要标准，同时是城市轨道交通运营中不可忽视的重要问题。运营安全不但反映了城市轨道交通运营管理水平和运输服务质量，而且是城市轨道交通系统实现方便、快捷、高效运营的先决条件。轨道交通运营部门所追求的目标是运营的安全有序，这也是满足乘客需求、获得良好社会和经济效益的根本保证。

城市轨道车站及列车车厢内为公众场所，特别是地下铁道位于地下空间，封闭环境、人流密集、通风和疏散都受到极大限制，这是城市轨道交通十分突出的弱点。一旦发生意外事故，常常会导致非常惨重的人员伤亡，因此，深入开展城市轨道交通重大事故安全保障技术研究，加强城市轨道交通的安全管理，做好城市轨道交通的安全工作，关系到人民生命财产的安全，更关系到国家经济发展、社会稳定和构建和谐社会。城市轨道交通作为现代化城市的生命中枢，一旦发生突发事故，其社会影响力、政治影响力和国际影响力都十分巨大。近年来，恐怖组织更是将城市轨道作为恐怖袭击的主要目标之一，城市轨道交通安全工作的特殊性和脆弱性之间的矛盾日益突出，因此，必须充分认识城市轨道交通安全工作的特殊性、复杂性和重要性，努力提高城市轨道交通的安全程度，保证人民群众生

命和财产安全。有效的检测、预报城市轨道交通突发灾害事故，并在对城市轨道交通灾害规律深刻认识的基础上，提出有效的灾害防范、救援措施和方法，建立科学有效的城市轨道交通安全保障体系已成为必然趋势。通过安全管理，进而预防和减少重大事故的发生，提升城市轨道交通处置突发事故的手段和能力。

（二）影响城市轨道交通运营安全的因素

1. 人的因素

人的因素往往是导致事故发生的直接原因。人的因素可以分为人的错误判断、不安全行为、意愿的变化等方面。

绝大多数事故的发生与人的不安全行为有关。据统计，80%以上的交通事故起源于人的差错；电力安全分析显示，80%的事故关键性因素是人；机动设备事故中，由于人员因素引发的事故占60%左右；矿山事故中，由于人员因素造成的事故占85%以上；城市轨道交通运营事件中，由于人的因素造成的事故占90%以上。

人参与城市轨道交通运营工作的每个环节、每项工作中，并处于主导地位。由人操纵、控制、监控、调遣各项设备，完成各项作业，与环境信息交流，与其他作业协调一致。

城市轨道交通运营过程中，导致事故发生的主要原因是"指挥不当、缺乏警惕性和设备维护欠安等"。

人的因素在城市轨道交通运营安全中起着最关键的作用。城市轨道交通运营安全因素中人的因素包括系统内员工和系统外人员。

系统外人员主要指乘客、城市轨道沿线居民、机动车驾驶员等。这些人员不直接参与运营生产活动，因此，对他们的安全素质要求主要表现为严格遵守城市轨道交通运营安全法规的相关规定，具备较强的安全意识和相应的安全防范与应急技能。

分析导致近年来城市轨道交通运营安全事故的诱因可见，导致城市轨道交通运营安全事故的原因主要为不遵守乘车守则，例如携带危险品、乱动设备设施、自杀等；人为故意破坏主要为恐怖袭击、蓄意破坏、盗窃城市轨道交通运营设备设施等；无应急技能或应急技能低主要表现为发生突发事故时不能自救、不能在工作人员指引下沉着冷静、紧张有序地疏散等三个方面。

影响城市轨道交通运营安全的人员，其素质与运营安全密切相关。这些素质主要包括文化素质、思想素质、技术素质、心理素质、生理素质和群体素质。

2. 物的因素

物的因素是导致事故发生的物质条件，主要是指潜伏在物本身的不安全因素。广义上包括原料、燃料、动力、设备、工具、半成品、成品等。例如，机器设备的不安全因素、易燃易爆物品的危险因素、个人防护用品和用具的缺陷、各种自然物的不可预料的不规则运动等，都是引发事故或造成突发事件的原因，而且常常是直接原因。

影响城市轨道运营的物的因素狭义上指的是各种影响运营安全的设备因素。设备既是影响安全的因素，又是保障安全的物质基础。列车安全运行的基础条件就是要求各种运营设备必须处于安全状态。

从安全关系的角度，可以将城市轨道交通运营设备划分为生产基础设备和安全技术设施。生产基础设备主要包括固定设备（线路、车站、车辆段、城轨相关机电设备等）和移动设备（动车组、列车自动防护子系统 ATP 等）。运营安全技术设施主要包括对员工作业的正确性进行监督的安全监控设备（闭路电视监控系统等），对运营生产基础设备的技术状态进行监测的安全监测设备（楼宇自动化系统 BAS、火灾自动报警系统 FAS 监测系统等），保障乘客人身安全的辅助安全公共设施（屏蔽门、旅客信息系统等），对灾害、事故、突发事件进行抢险救援的救援设备（火灾报警系统、救援车等）。

运营设备状态的良好是保证安全生产的重要条件。运营设备质量好坏，直接关系到城市轨道交通运营安全与否，因此，运营设备的管理、使用、维护相关部门必须采用先进的检测手段，及时发现运营设备隐患，建立维修维护管理信息管理系统，不断提高运营设备的质量，按照设备管理控制体系的要求，正确使用运营设备，科学地进行设备管理工作，提高设备完好率和运营保障力度。避免状态不良的运营设备投入运营，影响列车运行。

加强生产基础设备和安全技术设施的管理，对控制或消除物的因素的不安全状态十分重要。影响城市轨道交通安全的设备因素主要从设备的设计安全性和使用安全性两个方面进行考虑。

3. 环境因素

环境因素是指系统所处的自然环境和社会环境的异常状态。比如，暴雨带来的洪水泛滥、暴风雪引起的停电，社会不稳定因素引起的罢工或者怠工，以及恐怖分子制造的爆炸等。

城市轨道交通运营环境是指人、机共处的特定工作条件。一般来说，环境因素是影响安全的间接原因，而且是短时间内不易消除的因素。环境因素包含两个方面，分别是内部环境和外部环境。

（1）内部环境

内部环境通常是指作业场所人为形成的环境条件，包括周围的空间和一切生产设施所构成的人工环境。内部环境通常可以分为作业环境和运营系统内部的社会环境。

作业环境是指生产现场的空间和生产设施所构成的人、机环境。在作业环境中，有各种机器、设备、原材料、半成品和成品等，还有机械设备产生的噪声和振动，生产空间的采光照明，泄漏的有害气体、蒸汽、粉尘和热量等。在这样的环境里，管理有缺陷或不符合安全规范、标准要求，都可能给作业人员带来危害。

系统内部的社会环境主要指系统内部的政治、经济、文化、法规等环境。例如，2005年国家安全生产监督总局（现应急管理部）成立伊始，就大力提倡企业安全文化建设。

影响城市轨道交通系统运营安全的内部环境不仅仅是作业环境，同时还有运营系统内部的社会环境，也就是运营系统外部环境因素在运输系统内的反映，包括内部的政治、经济、文化、法规等。

（2）外部环境

影响城市轨道交通系统运营安全的外部环境包含两个方面，分别是自然环境和社会环境。

①自然环境。主要是指洪水、暴雨、风沙、泥石流和地震等自然灾害，以及这些自然灾害带来的次生灾害。此外，气候因素（风、雨、雷、电、雾、雪、冰等）、季节因素（春、夏、秋、冬）以及时间因素（白天、黑夜）等也是不容忽视的事故致因。

城市轨道交通包括地铁、轻轨、城际列车等，在运营期间可能遭遇台风、洪水、雷电、地震等自然灾害的侵袭。台风对城市轨道的建筑物有较大的影响，并且其破坏性极强；洪水也会对轨道交通运营造成极大的影响，可能导致积水回灌，建筑物受到岩土介质中地下水渗透浸泡，致使其附属设备材质发生霉变、元器件受损失灵等，从而造成事故；同时应该对雷电防护设备进行检修，这方面造成运营设备损坏的事件时有发生；另外，地震所带来的损失也不言而喻。

地下铁道的车站和隧道包围在周围的地理介质中，地震发生时地下构筑物随围岩一起运动。与地面结构不同，围岩介质的嵌固改变了地下构筑物的动力特征。一般认为，地震对地下结构影响较小，但1995年日本阪神地震后，人们更加重视地下结构的抗震设计。

②社会环境。是指社会的政治环境、经济环境、技术环境、管理环境、法律环境以及社会风气、家庭环境等，它们对城市轨道交通系统运营安全均有不同程度的影响。

任何事件的发生都是在外因和内因同时作用下产生的。近年来恐怖袭击、社会性自杀事件等已经成为城市轨道交通系统运营安全的一个主题，所以其危害也不言而喻。

4. 管理因素

管理因素是指在管理的体制和制度，或者在安全管理过程中存在一定的缺陷，未遵循安全生产的客观规律，从而影响城市轨道交通运营安全。涉及运营安全的管理因素较多，主要有安全组织、安全法制、安全技术、安全教育、安全信息和安全投入等，它的本质就是要充分发挥人的积极性和创造性，调动一切资源（人、财、物、信息）和积极因素，促使各种矛盾向有利于城市轨道交通运营安全方面转化。

在城市轨道交通运营中，如果安全管理存在缺陷，也会导致突发事件的发生。现阶段，我国安全生产管理中一个众所周知的难题就是管理薄弱，目前从保障城市轨道交通安全运营的实际情况来看，城市轨道交通运营安全管理是确保城市轨道交通运营安全的重要管理手段。

城市轨道交通运营安全管理，就是使人、设备和环境组成一个能够有效实现预期目标的系统。虽然人、设备、环境往往是造成事故的直接原因，而管理因素看似是间接原因，但追根溯源却是本质上的原因，因为前者都是受后者支配的。

城市轨道交通运营安全管理，是为了有效减免运营事件及由运营事故所引起的人和物的损失而进行的控制危险的一切活动。管理者根据安全生产的客观规律，对城市轨道交通系统中的人、财、物、信息等资源进行计划、组织、指挥、协调和控制，以达到减少和避免城市轨道交通运营事件发生的目的。

二、城市轨道交通安全技术保障体系

（一）城市轨道交通安全硬技术设备保障体系

城市轨道交通安全硬技术设备保障体系是指对运营基础设施和安全技术设备的研制、试验、引进、装配、维护和安全质量管理等。城市轨道交通安全硬技术设备保障体系主要包括设备安全技术、安全监控系统、基于维修维护的安全检测系统、安全信息系统、安全预警系统。

1. 设备安全技术

随着社会的发展和科学技术的进步，现代技术已经渗透到各个领域，为城市轨道交通行业开发越来越安全的基础设备和越来越多的安全设备产品创造了有力的技术条件。城市轨道交通设备安全技术正朝着信息化、自动化、智能化方向发展，为提高城市轨道交通运输安全水平提供了强有力的支持，极大地改善了城市轨道交通的安全状况。

目前城市轨道交通设备安全从设备本身的设计入手，以系统化、自适应、自动控制为目标，从根本上解决城市轨道交通运营安全技术问题。自法国里尔无人驾驶地铁建成以来，多数新兴城市轨道各种设备和系统都具备自动化功能，减少人为因素的干扰和事故的发生。比如，列车运行自动控制（Automatic Train Control，ATC）系统就具备了列车自动运行、列车自动防护、列车自动监控功能，从设备层面为城市轨道交通运营提供安全的体系保障。

2. 安全监控系统

计算机信息技术和现代通信技术的发展，为城市轨道交通安全监控系统带来了飞跃式进步。目前在城市轨道交通运营中，对移动设备、固定设备、环境等状态以及运输对象完全实现实时监控。它包括针对移动设备的监控系统，如 2005 年在广州地铁 1 号线采用的车辆在线安全检测系统，运用微波技术、传感器技术、红外测温技术、声音信号分析技术及数据分析等技术，可以对城轨车辆的轮对踏面、轴承温度、车钩温度、走行部异响、受电弓异响、车号进行监控和识别；包括针对固定设备的监控系统，如城市轨道交通机电设备平台建筑自动化系统，可以对环控、电力、照明、电梯、屏蔽门等机电设备进行统一的管理和监控；另外，还有针对环境进行检测和监控的环控系统和对火警进行监控的火警防灾报警系统（Fire Alarm System，FAS)，以及对站厅和站台及人员进行实时监控的闭路电视监控系统（Closed－circuit Television，CCTV）等。

3. 安全检测系统

基于维护、维修移动设备和固定设备的各种安全检测系统为保证城市轨道交通安全、准点、平稳地运行提供了高效、科学的手段。

目前，城市轨道交通采用的安全检测系统已经应用了近年来新近发展的技术，如用于检测线路异常的图像处理技术，用于金属设备内部探伤的超声波探伤技术，用于测量隧道、转向架和钢轨等形变的激光光电技术，用于对测量结果进行统计分析的计算机技术，用于实时反馈设备状态的传感器检测技术，还有用于隧道衬砌、线路病害以及地质情况检测的雷达无损检测技术等。这些技术的应用已经出现系统化、集成化、高效化的趋势，如大型轨道检测者可以在高速形式状态下保证钢轨探伤、隧道衬砌检测、接触网检测、限界检查等任务一次完成。

4. 安全信息系统

城市轨道交通对行车安全性要求非常高，基于城市轨道交通的信号、车辆、供电和环境等各种控制系统不能出现任何的差错和中断，必须保证全天候提供服务，并具备足够的持续性和适应性，所以安全的信息系统是保障城市轨道交通运营的基本设备基础。

5. 安全预警系统

随着科学技术的发展，人们越来越重视对危险信号的预警。预警技术在城市轨道交通中得到了广泛的应用，并保障了整个城市轨道交通运营系统的安全运行。

对电力、信号、环境等各种危险信号的预测与预警是城市轨道交通安全应急预案确定的重要内容。各种隐患和事故苗头要进行检测和监督，争取将可能发生的灾害消灭在萌芽状态。地铁火灾的早期预警，是及时疏散人员和抓住消防关键时机的必要条件。

建立安全预警系统可以实现对各种重点关键设备的动态巡检，对重要消防节点的温度和烟雾进行监测，跟踪各采集点和受控系统状态指标，及时分析反馈数据，发现可能出现的事故并加以处理。

（二）城市轨道交通安全软技术保障体系

城市轨道交通安全软技术保障体系包括与运营安全有关的各种操作方法、管理办法、运营安全基础理论及安全科学技术方法的研究和应用。

1. 安全评价方法

安全评价方法是采用系统工程原理和技术方法，定性和定量分析系统中固有的危险因素，得出系统发生危险的可能性及其后果严重性的评价。与评价标准进行比较，根据其结果判断是否需要改进系统运行方式和提出防范措施，抑制和消除危险性，技术上是否可行、经济上是否合理以及系统是否达到国家或行业制定的安全标准。

交通运输企业中常用的安全评价方法有安全检查表评价法、作业条件危险性评价法、概率安全评价法和多指标安全综合评价法等。

2. 安全统计与分析

城市轨道交通安全调查统计主要是对城市轨道交通安全状况的统计研究活动。了解城市轨道交通的安全状况、查找隐患及预测发展态势、分析各种影响因素对运输安全的作用和相互关系、认识各种交通事故的本质和内在规律性。

城市轨道交通安全分析是从安全角度对城市轨道交通系统的危险因素进行分析，分析导致系统故障或者事故的各种因素及其相关关系。目前城市轨道交通行业广泛应用的安全分析方法主要有安全检查表、危险源分析、统计图表分析、因果分析图、事件树分析等。

3. 安全管理与操作规程

目前，我国城市轨道交通正处于蓬勃发展时期，安全管理和技术规程的标准都还不够完善，有待统一和改进。随着我国城市轨道交通逐步进入健康、有序、快速的发展阶段，我国许多特大城市如北京、上海、广州等都已先后进入成熟的网络化、系统化运营阶段，城市轨道交通运营、建设及行业管理部门积极推出相关行业标准、技术标准、作业规程和规范化等，对城市轨道交通建设和运营有着重要的指导意义。

各城市轨道交通运营企业根据自身特点也制定了相关的企业安全技术标准和运营方案。有针对部门的运作体制，如《车站运作规则》《OCC 应急处理程序》《车务安全应急处理程序》；有针对员工或岗位的工作规程和制度，如《行车调度手册》《员工安全行为守则》《客车司机手册》《职工伤亡事故处理规定》等；有针对具体业务的指导规程，如《运行图编制规则》《行车组织规则》《消防安全管理制度》《行车事故处理规则》等。

三、安全教育培训体系

完善的安全教育培训体系能够使安全教育更贴近和适应受教育者的接受能力，使其提高安全知识和安全意识。安全教育培训体系必须达到"五有"标准，即有完整的教育程序、有规范的安全教育培训教材、有适应于各层次人员的安全教育方法、有严密的安全教育考试标准、有显著的安全教育成果。通过安全教育使因人为而导致的事故比例大幅度下降，能够向实现本质安全、事故为零的目标更进一步。

（一）对企业主要负责人的教育培训

1. 基本要求

按照国家相关规定，企业主要负责人必须进行安全生产培训，经培训单位考核合格并取得安全培训合格证后方可任职。所有企业主要负责人应进行安全生产再培训。

2. 安全生产教育培训的主要内容

①国家安全生产方针、政策和有关安全生产的法律法规及标准。

②安全生产管理基本知识、安全生产技术、安全生产专业知识。

③重大生产安全事故防范、重大危险源管理、应急管理和救援组织及事故调查处理的有关规定。

④职业危害及其预防措施。

⑤国内外的先进安全生产管理经验。

⑥典型生产安全事故和应急救援案例分析。

⑦其他需要培训的内容。

3. 安全生产再培训的主要内容

①有关安全生产的法律法规、规章、规程、标准和政策。

②安全生产的新技术和新知识。

③安全生产管理的经验。

4. 培训时间

在培训时间上，危险物品生产、经营、储存单位及矿山、烟花爆竹生产单位、建筑施工单位的主要负责人安全资格培训时间不得少于 48 学时，每年再培训时间不得少于 16 学时。其他单位主要负责人安全生产管理培训时间不得少于 32 学时，每年再培训时间不得少于 12 学时。

（二）对安全生产管理人员的教育培训

1. 基本要求

建筑施工单位的安全生产管理人员任职前，必须经安全生产监督管理部门或法律法规规定的有关主管部门考核合格并取得安全资格证书。其他单位安全生产管理人员必须按照国家有关规定进行安全生产培训，经培训单位考核合格后并取得安全培训合格证后方可任职。所有单位安全生产管理人员每年应进行安全生产再培训。

2. 安全生产教育培训的主要内容

①国家安全生产方针、政策和有关安全生产的法律法规及标准。

②安全生产管理、安全生产技术、职业卫生等知识。

③伤亡事故统计报告及职业危害的调查处理方法。

④应急管理、应急预案编制及应急处置的内容和要求。

⑤国内外的先进安全生产管理经验。

⑥典型生产安全事故和应急救援案例分析。

⑦其他需要培训的内容。

3. 安全生产再培训的主要内容

①有关安全生产的法律法规、规章、规程和政策。

②安全生产的新知识和新技术。

③安全生产管理的经验。

④典型生产安全事故案例。

（三）对特种作业人员的教育培训

①对特种作业人员的培训、考核和取证的要求。特种作业人员在独立上岗作业前必须进行与本工种相适应的、专门的安全技术理论学习和实际操作训练并通过考核达到合格，取得特种作业人员操作证后方可上岗。特种作业人员操作证有效期为 6 年，在全国范围内有效。特种作业人员的培训实行全国统一培训大纲、统一考核标准、统一证件制度，《特种作业人员安全技术考核》由国家统一印刷，地、市级以上行政主管部门负责签发，全国通用。特种作业人员安全技术考核包括安全技术理论考试与实际操作技能考核两部分，以实际操作技能考核为主。

②特种作业人员重新考核和证件的复核要求。离开特种作业岗位达 6 个月以上的特种作业人员，应当重新进行实际操作技能考核，经确认合格后方可上岗作业。相关部门每 3

年对已经取得特种作业人员操作证的特种作业人员进行一次复审。连续从事本工种 10 年以上的，经原考核发证机关或者从业所在地考核发证机关同意，特种作业操作证可延长至每 6 年复审 1 次。复审的内容包括违章记录检查、健康检查、安全新知识管理教育、本工种安全知识考试。未按期复审或复审不合格的特种作业人员，其特种作业人员操作证自行失效。

（四）对企业其他从业人员的教育培训

生产经营企业其他从业人员是指除了主要负责人和安全生产管理人员之外，该单位从事生产经营活动的所有人员。包括其他负责人、管理人员、技术人员和各岗位的工人，以及临时聘用的人员。

1. 对新从业人员

对新从业人员应进行企业级、车站（厂）级、班组级三级安全教育。

①企业级的培训内容是：本企业安全生产情况以及安全生产基本知识；企业安全生产规章制度和劳动纪律；从业人员的安全生产权利和义务以及有关的事故案例。

②车站（厂）级的安全生产教育培训的主要内容是：本车站安全生产状况和规章制度；工作环境及危险因素；所从事工种可能遭受的职业伤害和伤害事故，所从事工种的安全设备设施、工人防护用品的使用和维护；预防事故和职业危害的措施以及应注意的安全事项；有关事故案例以及其他需要培训的内容。

③班组级的安全生产教育培训主要内容是：岗位安全操作规程；岗位之间的工作衔接配合的安全与职业卫生事项；有关事故案例，以及其他需要培训的内容。

对于新从业人员安全生产教育培训的时间不得少于 24 学时，每年接受再培训的时间不得少于 20 学时。

2. 对调整工作岗位或离岗以后重新上岗的从业人员

对于调整工作岗位或者离岗以后重新上岗的从业人员也要进行培训。

从业人员调整岗位或离岗一年以上重新上岗时，应该进行相应的车站（厂）级和班组级安全生产教育培训。脱离原岗位半年以上重新上岗时，须重新接受班组级安全教育培训。

企业实施新工艺、新技术或使用新设备、新材料时，应对从业人员进行有针对性的安全生产教育培训。

3. 经常性的安全生产教育培训

企业要确立终身教育的观念和全员培训的目标，对在岗的从业人员应进行经常性的安全生产教育培训。其主要包括：安全生产新知识、新技术，安全生产法律法规，作业场所和工作岗位存在的危险因素、防范措施以及有关的事故案例等。

（五）安全生产教育的形式和方法

安全生产教育的形式主要有三级安全教育、特种作业人员安全教育训练、经常性安全教育等。经常性安全教育形式又分为班前班后会、各类安全生产业务培训班、安全活动日、安全生产月、安全生产会议、事故现场分析会、张贴安全生产招贴画、宣传标语及标志、开展安全竞赛、安全考试、安全演讲等。

安全生产教育的方法有实操演练法、案例研讨法、课堂讲授法、读书指导法、宣传娱乐法等。

第二节　城市轨道交通运营行车事故的预防与处理

一、列车运行事故的原因分析

关于事故的定义很多。我国《辞海》中将事故定义为意外的变故或灾祸；英汉《牛津词典》中，把事故解释为意外的、特别的有害事件；国际劳工组织编撰的《职业卫生与安全百科全书》将事故定义为一起可能涉及伤害的，但非预谋性的意外事件。一般认为，事故是指人们在进行有目的的活动过程中发生的违背人们意愿的，可能会造成人们有目的活动暂停或永远终止，同时可能造成人员伤亡或财产损失的意外事件。而列车运行作为城市轨道交通运营的重要组成部分，其安全直接关系到乘客安全和城市轨道交通系统安全。

（一）事故特性

事故本身有其特有的一些属性，即特性。掌握这些特性对认识事故、了解事故及预防事故具有指导性作用。概括起来，事故主要有以下五种特性：

1. 因果性

因果性是指一切事故的发生都是由各种危险因素相互作用的结果。生产中的意外事故是由人的不安全行为、物的不安全状态、管理缺陷以及对突发的意外事故处理不当等原因引起的。掌握事故的因果关系，采取适当的措施中断事故因素的因果连锁，就消除了事故发生的必然性，从而可能防止事故的发生。

2. 偶然性

偶然性是指事故的发生是随机的。但是偶然性寓于必然性之中，事故的随机性表明它服从于统计规律，因此可用物理统计法进行分析和预测，找出事故发生和发展的规律，从而为预防事故提供依据。

3. 潜伏性

潜伏性是指事故在尚未发生或还未造成后果之前，是不会显现出来的。但生产中的危险因素是客观存在的，只要这些危险因素未被消除，它们随时都有可能演变为事故。

4. 可预防性

无论是工业生产系统还是运输系统，都是人造系统，因此，从理论上和客观上讲其中任何事故都是可以预防的。认识这一特性，对坚定信念、防止事故的发生有促进作用。各种合理的对策和手段，可以从根本上消除事故隐患，把事故发生的概率降到最低。

5. 复杂性

现代的生产系统和运输系统等都是很复杂的系统，涉及的要素非常多，要素之间的相互关系非常复杂。事故的发生可能是由方方面面的原因造成的，这就决定了事故具有复杂性。

（二）事故的预防

当生产系统在运行中出现问题时，首先要从几个方面分析其原因，即人为操作不当导致的、操作技术达不到要求、周边生产环境比较恶劣、管理过程中存在问题等。其中最后一个方面既与领导层的不重视有关，也与一线员工的安全意识淡薄有关：没有对安全责任进行具体分配，导致事故发生后，各个负责人之间相互推诿；员工没有将企业规定的安全守则放在心里，操作时随意性比较大；对于整个系统中的风险排查没有一个固定的标准，使得排查过程不能逻辑性地涵盖各个方面；有些企业过于追求利益，对于员工的安全不够注重，不愿意花费更多的金钱购买保护设备；不能及时和定期对员工进行安全知识培训，对于出现过的问题不能及时总结经验教训，导致二次事故的发生。安全问题是企业必须重视的一个方面，对于各类风险要及时发现，探讨其发生原因并给出解决措施，避免类似情况再次出现，这就是事故的预防。

具体来讲，事故的预防就是对可能发生的问题采取一些方法使其消失或减轻，这与事故的管理是不同的。事故的管理可以说是事故预防的依据，以及在事故发生之后对其发生的原因和产生的影响进行总结、记录、上交、归档等，最终实现整个生产系统安全且高效的运行。

事故的预防是管理的第一步，是企业进行正式生产活动首先要考虑和培训的事情。此外，事故预防还是事故管理的最终目标，无论是已经发生过的事故还是可能发生但未发生的事故，都是为企业生产积累经验，最后也都要归类于事故的预防。总之，事故的预防和管理并不是彼此独立的，它们之间是有很大联系的，只有把这两者都完成好，才能保证生产活动安全有效地进行。

（三）造成列车运行事故的原因

列车运行事故，一般是指城市轨道交通列车在运送乘客的过程中对行车人员、行车设备以及乘客产生作用和影响的事故。

城市轨道交通运输的产品是乘客的位移，而列车运行则是实现位移的必要手段。列车运行是城市轨道交通运营系统的主要工作，也是最容易产生不安全因素的工作环节，城市轨道交通运营过程中所出现的大部分不安全现象都在列车运行过程中。因此，从某种程度上讲，保证列车运营安全的同时也就保证了城市轨道交通运营安全。

对以往所发生行车事故的分析表明，造成列车运行事故的主要原因有以下几个：

①行车纪律松弛、制度执行不严。纪律松弛，出乘标准化作业不落实，责任制贯彻不力。

②疲劳行车、带情绪行车。相关工作人员睡眠不足和将受外界环境影响而产生的情绪带入运行作业中，会产生生理、心理的疲劳，从而精力不济、精神不集中，给安全行车带来隐患。

③业务素质不高。由于技术问题及缺乏经验，行车人员业务水平不精，不能及时处理列车运行中的突发事故。

④安全意识不强。行车人员情绪不稳定、思想波动大、责任心不强、行车纪律观念淡薄、臆测行车。

⑤行车技术、设备不完善。行车设备老化，技术结构不合理，使之不能适应实际行车的需要。

⑥风、雪、雷、雨等恶劣气候及环境的影响。风、雪、雷、雨等恶劣天气对列车安全运行的影响是不可低估的，列车驾驶员对气候环境变化及突发事故能否进行正确处置直接影响城市轨道交通运营的安全。

⑦安全管理及相关制度、规章的适用性存在缺陷。安全管理归根结底是对人员的管理，而各项制度的健全与完善是行车安全的基础和保证，没有完整有效的制度与规定是制约安全行车的重要因素。

二、列车运行事故预防

列车运行安全工作，一般是指城市轨道交通列车在运送乘客过程中对行车人员、行车设备以及乘客产生作用和影响的安全工作。列车运行安全工作包括行车调度安全、列车驾驶安全和车站作业安全等。

（一）行车调度安全

整个城市的轨道交通系统是一个非常复杂的系统，保证其顺利运行仅靠某一个部门是无法完成的，必须由多个部门共同合作才能完成，这就要求指挥调度系统具有高效、精准和联系紧密的特点。其中，各个部门的合作是非常关键的一个环节，只有精准执行才能使地铁等交通工具顺利运转。

行车调度简称行调，是一种用于统一指挥大型复杂轨道交通系统中车辆运行情况的指挥方式，是维持地铁等交通工具正常运行的关键因素。这一工作主要是由调度控制中心完成的，其对各个站点的系统和工作人员进行任务分配，使他们之间能够密切配合，进而控制列车的正常运行。调度的质量是可以从车辆运行情况反映出来的。

1. 行车调度工作的基本任务及作用

（1）行车调度工作的基本任务

①组织指挥各部门、各工种严格按照行车运行图工作。

②监控列车到达、出发及途中运行情况，确保列车运行秩序的正常。

③当列车运行秩序不正常时，及时采取措施，尽快恢复正常运行秩序。

④及时、准确地处理行车异常情况，防止行车事故发生。

⑤及时掌握客流情况，及时调整列车运行方案。

⑥检查监督各行车部门执行行车运行图的情况，发布调度命令。

⑦当发生行车事故时，按规定程序及时向上级主管部门汇报，并采取措施防止事故扩大，积极参与组织救援工作。

（2）行车调度工作的基本作用

行车调度贯彻集中领导、统一指挥的原则，组织协调行车有关部门、各单位和各工种的工作，指挥和监督行车工作的全过程，保证行车工作均衡协调和安全准确地进行。

行车调度在安全工作中的作用主要有以下几个方面：

①指挥行车人员完成各项行车作业，保证列车安全正点运行。

②组织、协调、监督、检查行车各有关部门的安全生产，纠正各种违章现象，及时处理行车中发生的问题，消除事故隐患，防止发生行车事故。

③发生行车事故后，积极组织救援，减少事故损失。

2. 行车调度安全指挥工作的基本要求

调度指挥必须坚持安全生产，正确及时地指挥列车运行，防止因指挥不当造成事故隐患。遇突发紧急情况时，要冷静、正确、及时处理；要加强学习，勇于实践；努力提高业务水平，提高应变能力。

为保证行车调度工作安全，调度指挥应做好以下各项工作：

①必须严格执行单一指挥原则。行车各有关部门必须服从所在区段行车调度的集中统一指挥，各级领导对列车运行的指示必须通过行车调度下达，坚决禁止令出多口或多头指挥，维护调度命令的严肃性和权威性。

②熟悉主要行车人员和设备，组织列车按图行车。行车调度必须熟悉主要行车人员情况，掌握车辆、线路、通信信号、牵引供电等方面的知识；熟悉各种规章制度和各种行车作业的秩序，掌握与其他调度的工作衔接；组织行车有关人员协调动作，保证列车按照列车运行图安全正点运行；掌握处理各种意外情况和行车事故的方法，做到调度指挥胸有成竹、沉着冷静。

③加强与现场行车人员的联系。

④发布调度命令要正确、完整、清晰。调度命令是城市轨道交通运输工作实行集中领导和统一指挥的具体体现和保证之一。

（二）列车驾驶安全

列车驾驶安全是整个城市轨道交通行车安全工作的关键环节之一，是把握好行车安全的最后一道关口。

1. 预防列车行驶事故发生的措施

列车在行驶时会出现各种问题，并且这些问题发生的原因不仅限于某一种，鉴于其十分重要的作用，所以要从以下几个方面进行事故发生前的预估。

①目前的技术手段还不能制造出一种机器或者一个系统能够完全代替人的驾驶功能，因此列车的行驶仍然是以人为中心。实际上，人为操作不当是造成事故的首要原因，所以应该定时、定期对列车驾驶员开展培训，提高他们的知识水平，并对其进行考核，促使驾驶员们在每一次行车过程中都能集中精力。

②列车的科技含量越来越高，采用的控制系统也越来越先进，因此列车驾驶员的技能也要与时俱进。专门开设课程对其技术进行培训，遇到突发事故也会有专业的紧急解决措施，而不会影响列车安全。

③在列车发生事故之后一定要对车辆相关系统进行仔细排查，对于已经损坏或可能损坏的部件进行维修或更换；对于已经老化的车体要及时更新。所有部件的质量要以满足安全规定为标准。

④要对列车驾驶员的心理和身体进行适当的培训，其身体健康是避免事故的首要条件，一旦列车驾驶员因身体不适而不能集中精力驾驶车辆，则车辆出现问题的概率将会大大增加。至于列车驾驶员的心理方面，须培养其临危不乱和沉着冷静的心态，因为车辆运行过程中难免有事故发生，只有列车驾驶员能够及时有效地应对事故，才能保证车辆行驶的安全性。

2. 列车驾驶员值乘的基本前提

①列车驾驶员必须牢记"安全第一"的宗旨，严格按照安全制度、行车规则执行驾驶任务，驾驶列车时做到"三严格"。

第一，严格遵守各种规章制度，正确执行各种作业程序，确保列车运行安全。

第二，严格按照运营时刻表及信号显示行车，工作时严守岗位，不得擅自离岗。

第三，严格遵守动车前认真确认"行车三要素"，即进路、信号、道岔。

②列车驾驶员必须掌握列车（车辆）的基本构造、性能，具有一般的故障处理能力，熟悉城市轨道交通路线和站场等基本设施情况，包括必须牢记驾驶区段、站场线路纵断面等情况。

③列车驾驶员必须掌握其他相关的业务知识并具有一定的应变能力。城市轨道交通列车在运行过程中，一般情况下只有列车驾驶员一人值乘，而运行中的事故有不可预见性，在事故的初期往往只有驾驶员能够最早发现。所以一名职业素质良好的驾驶员应该而且必须掌握有关事故初期的处理方法，减少损失，稳定现场局面。

④列车驾驶员上岗值乘的必要条件。鉴于列车驾驶员在整个运行过程中的重要作用，城市轨道交通管理部门规定了列车驾驶员上岗值乘的必要条件。首先，列车驾驶员必须考试合格，并取得列车驾驶证后方准独立驾驶列车；其次，列车驾驶员脱离驾驶岗位6个月以上，再次驾驶列车时必须对其进行业务知识和安全运行知识等培训，考核合格后，其纪律和身体状况由相关部门有关领导做出鉴定。

3. 列车安全驾驶的基本要求

（1）列车运行方式

①列车运行方式分为自动驾驶模式（ATO）、人工驾驶模式（ATP）和限制人工驾驶模式（RMO/CLOSE）。改用 ATP 与 RMO/CLOSE 方式运行时，必须经行车调度准许。

②运行的相邻列车之间的安全距离由 ATP 自动保护，行车间隔不受站间区间限制。

③列车在区间运行中，遇危及安全的险情时，列车驾驶员应采取紧急制动停车，并报行车调度。待险情排除后，列车以 ATP 继续运行至前方站停车，在车站将 ATP 转化为 ATO。

④列车收到目标速度 0 km/h 时的行车规定：

a. 列车收到目标速度 0 km/h 停车，列车驾驶员应立即报行车调度员，并按行车调度员下达的命令执行。

b. 列车运行中收到目标速度 0 km/h，无线系统又发生故障不能使用时，允许列车加强瞭望以 CLOSE（或 RMO）方式运行至就近车站，用车站应急电话向行车调度员报告后，按行车调度员命令执行。遇防护信号机时，须按信号机显示要求执行。

c. 车载 ATP 故障（主、备 ATP 均不能使用）时，行车调度应命令该列车切除车载 ATP，限速 30 km/h（遇道岔防护信号机时，须按信号机显示要求执行）运行至终点站。再凭行车调度命令以"双区间"的行车间隔限速 60 km/h 运行至终点站，进折返线或入库，退出运营。

⑤列车运行途中，若有人拉下车上的紧急停车拉手或车门打开等情况导致列车在站台区域迫停，列车驾驶员应先报行车调度员，确认无影响运行安全的情况后将拉手复原，列车可继续运行。

⑥列车上个别车门的门控装置发生故障，列车驾驶员要及时切除故障车门，并张贴故障指示牌，以免耽误乘客上、下车。

⑦一个及以上站间区间出现红光带故障时的运行规定：

a. 列车行车凭证为行车调度员下达的命令。

b. 列车以切除 ATP 方式运行。

c. 该区段只允许一列列车占用运行。

d. 行车调度员要重点做好监控工作，确保安全。

e. 若遇列车晚点，列车凭总调命令，切除 ATP 运行，到前方站定位后，重新以 ATO 运行。

（2）列车折返

①终端模式。折返信号机为自动模式，即按照选定的折返模式，根据目的地码排列进站。

②循环模式。在折返站和有岔中间站，相应的信号机为普通模式时，可以设循环模式。在折返站设置循环模式后，当列车占用信号机外方第一段轨道电路后，连锁设备自动排列进入岔区的第一进路，并开放信号；当列车完全进入折返区段，第一条进路解锁，信号关闭；当列车踏上折返区段轨道进路 45 s 后，并且第一条进路解锁，第二条折返进路自

动被排列，信号机自动开放。列车顺序出清折返进路所有轨道电路后，折返进路自动解锁，信号关闭，完成一次作业。

4. 列车驾驶员驾驶作业过程中的安全要求

列车驾驶员驾驶列车在正常情况下应确保"准确"，在非正常情况下确保"安全"，所有操作均须动作娴熟、快速正确。列车驾驶作业包括调车作业、整备作业、正线作业、折返作业、站台作业等。

（1）调车作业时预防事故的措施

①放置铁鞋防溜时，不取出铁鞋不动车。

②凭自身动力动车时，没有制动装置或制动装置故障不动车。

③机车、车辆制动没有缓解不动车。

④调车作业计划不清不动车。

⑤调车作业没有联控不动车。

⑥没有信号显示或信号显示不清不动车。

⑦调车进路无联锁失效时，扳道员未显示道岔开通手信号道岔开通不正确不动车。

⑧侵限、侵物不动车。

（2）整备作业时预防事故的措施

①整备作业前必须了解列车停放位置及列车状态。

②检查列车走行部时，必须确认列车已降下受电弓。

③严禁跨越地沟，进行车底检查时戴好安全帽，应注意空间位置，避免碰伤。

④受电弓升起后，严禁触摸电气带电部分、进行地沟检查及攀登车顶。

⑤检查列车时必须佩带检查灯、一字旋具，并严格按要求整备列车，列车没有经过整备严禁动车。

⑥车库内动车前，必须确认地沟无人和两侧无侵限物后方可动车。

（3）列车运行时预防事故的措施

①列车驾驶员在取得驾驶证并鉴定合格后，方准独立驾驶。

②严格遵守各种规章制度，按照要求操作设备，正确执行各项作业程序，确保列车运行安全。

③严格按照运行时刻表动车，动车前必须确认行车凭证。列车退行或推进运行时和运行前端必须有人引导。

④班前注意休息，班中集中精力，保持不间断瞭望。严禁在列车运行中打盹、看书或做与工作无关的事。

⑤接受调度命令或行车指示时，列车驾驶员必须逐句复诵并领会内容。

（4）折返作业时预防事故的措施

①严格遵守交接班制度。

②关门前必须确认行车凭证、道岔、进路正确。

③动车前确认所有人员均在安全区域。

（5）站台作业时预防事故的措施

①开关屏蔽门、车门时，必须严格执行开关作业程序。

②列车到站停稳后，应先确认列车停在规定的范围内。

③跨出站台开关屏蔽门、车门时，应注意列车与站台间的间隙，避免摔伤。

④关屏蔽门、车门前应先确认车载信号或进路防护信号开放或者具有行车凭证。

⑤动车前，列车驾驶员应确认屏蔽门、车门关好，同时确认屏蔽门与车门间空隙无人无物，方可进入驾驶室。

（6）人身安全保证

①升弓前，必须确认所有人员均在安全区域。

②严禁擅自带无关人员进入驾驶室，因工作需要有人登乘驾驶室时必须确认其相关登乘证件。

③在正线或出库线，未经行调同意禁止擅自进入线路。

（三）车站作业安全

车站的行车组织工作是在调度员统一指挥下，合理运用车站的各项技术设备，负责车站行车控制指挥、施工及其他任务。

1. 车站作业工作的基本任务

①建立健全各类行车作业、管理的规章制度。这些制度包括：车站行车控制室的管理、交接班制度和行车值班员岗位责任制等。对车站的行车组织工作进行规范管理，确保行车安全。

②进行车站各项安全检查，检车车站安全隐患并落实整改。

③建立各类事故预案，开展演练，以提高车站员工的应急处理能力，有效处理车站突发事故。

总之，明确职责、落实责任、加强安全管理，可以确保车站行车、施工、治安、消防等工作顺利进行，以及车站员工、乘客的人身安全和车站所辖设备的运行安全。

2. 车站行车安全工作的基本要求

车站工作包括列车运行控制、车站的施工组织和接发列车作业等，各项作业均涉及行车安全。其具体要求如下：

（1）列车运行控制

车站的列车运行控制根据整个系统列车运行控制方式的变化而变化。

①在调度集中控制方式下，车站行车组织的主要工作是监控行车运营状态。

②在自动控制方式下，车站除了对列车的运营状态进行监控外，还要对中央控制因故放权而进行控制。而有集中控制设备的车站应负责对列车的折返和进路排列等人工作业。

③在半自动控制方式下，车站负责列车运行控制工作。在正常情况下，由人工操作信号设备进行接发车、调车等行车作业，并根据行调指令对列车进行调整；在非正常情况下，车站根据调度的指令，按规定的作业办法要求负责列车在车站的接车、发车和调车等作业。

（2）设备施工组织

在车站管辖范围内，任何施工作业均应在车站行车控制室登记，在得到行车值班员的签字确认后方可进行；影响运营的施工检修作业（如信号设备检修、道岔检修等），必须得到行车调度员的同意后方可进行。

（3）接发列车作业

车站员工应确保在各种控制方式下，车站的接、发列车组织工作安全、有序。

三、调车作业事故预防

调车作业是指除列车在车站（车厂）到达、出发、通过及在区间内运行以外，凡机车、车辆进行的一切有目的的移动。它包括列车的解编、转线，车辆的取送、调移等。在调车作业中发生的事故，称为调车作业事故。

一般来说，调车作业事故分为"撞、脱、挤、溜"四种类型，即冲撞、脱轨、挤道岔、机车车辆溜逸。

（一）调车作业事故的常见原因

①调车作业计划不清或传达不彻底。调车作业计划是信号员、调车组等调车作业相关人员的统一行动计划。如果调车作业计划本身不清，造成调车进路排错、机车车辆进入线路，或调车作业计划传达不彻底，造成信号员及调车驾驶员行动不一致，都极易发生事故。

②作业前检查不彻底，准备不充分。调车作业前，必须按规定提前排风、摘解风管、核对计划，确认进路，检查线路、道岔和停留车辆情况，手闸制动时要选闸，铁鞋制动时要准备足够、良好的铁鞋。

③误排进路或未扳、错扳、临时扳动道岔或错误转动道岔。信号员误排进路或未扳、错扳、临时扳动道岔或错误转动道岔，调车员和驾驶员不认真确认信号及道岔位置，极易造成冲撞、脱轨和挤岔事故。

④调车手信号显示不标准。调车手信号显示不标准有三种情况：一是未按规定的要求显示信号；二是错过了显示信号的时机；三是错误地显示信号。上述情况都可能导致调车作业事故的发生。

⑤前端无人引导推进运行或推进车辆不试拉。推进作业时，若前端无人引导，由于调车驾驶员无法确认线路和停留车情况，极易造成撞车和挤岔事故。若推进车辆不试拉，一旦车辆中有假连接，制动或停车时因车辆脱钩而发生溜逸，也容易发生撞车、脱轨、挤岔和溜逸事故。

⑥没按规定采取防溜措施。调车作业在线路上停放车辆时，如不按规定采取防溜措施，极易发生车辆溜逸事故。一旦车辆溜逸入车间，后果不堪设想。

（二）调车作业事故的预防措施

城市轨道交通的调车作业包括停车站场内调车作业和正线调车作业两种。

1. 站场内调车作业事故的预防

（1）做好调车作业前的准备工作

①调车作业必须按照调车作业计划及调车信号机或调车手信号的显示要求进行。没有信号不准动车，信号不清立即停车。

②特殊情况使用无线对讲机联络进行调车作业时，驾驶员与调车人员必须保持联络通畅，联络中断立即停车，采取措施。

③调车组人员不足时，不能动车。

（2）正确及时地编制及传递调车作业计划

①运输值班室值班员要根据生产作业有关部门提出的要求，正确、合理地编制调车作业计划，并将计划向信号室值班室、调车组等参加调车作业的人员传达清楚。

②参加调车作业的有关人员在接受调车计划时必须复诵，核对正确无误后执行。

③调车作业时调车指挥人员应将接受的作业计划向调车驾驶员及有关人员传达，并讲清作业方法与安全注意事项。

④调车作业中需要变更作业计划时要停止作业，由运转值班员将变更后的计划向调车指挥人员及信号楼值班室重新布置、传达清楚。调车指挥人员要重新向调车驾驶员及有关人员传达清楚。

（3）正确及时地显示信号

①调车作业时，调车人员必须正确及时地显示信号，驾驶员要认真确认信号，并鸣笛回示。

②连挂作业时，调车人员必须向驾驶员显示三、二、一车的距离信号。没有显示三、二、一车的距离信号不准挂车；没有驾驶员的回示，应立即显示停车信号。

③当调车指挥人员确认车辆停留车位置有困难时，应派可胜任此工作的人员显示车辆停留位置信号。

④连挂车辆前驾驶员必须一度停车，检查被连挂车辆状态；连挂车辆后必须先确认连挂是否妥当，确认后方可启动。

⑤摘挂后的车辆，必须按规定安放止轮器，采取制动措施防止溜车。

（4）认真确认调车进路

①单机运行或牵引运行时，前方道路的确认由驾驶员负责。

②推进车辆运行时，前方道路的确认由驾驶员负责。如调车指挥人员所在位置确认前方进路有困难，可指派参加调车作业的其他胜任人员确认。

③取消调车作业进路时，操作进路人员应确认列车、车组或单车尚未启动，并通知调车指挥人员和调车驾驶员后，再关闭信号机，然后取消调车进路。

（5）严格、准确掌握运行速度

①在空线上运行应严格按照线路、道岔的允许速度运行。瞭望条件不良或气候条件不好时应适当降低速度。

②调车作业中，车辆进入车库和厂房时以 5 km/h 的速度运行。

③接近被连挂车辆时以 3 km/h 运行。

④电动列车在停车场内限速 20 km/h 运行。

（6）尽头线调车必须保持必要的安全距离

在尽头线上调车作业时，距离线路终端应有 10 m 的安全距离。遇特殊情况，距离必须小于 10 m 时，要严格控制车辆运行速度，以随时能停车的 3 km/h 以下速度进行。

（7）做好车场内调车作业与接发列车之间的协调

车场在列车运行图规定的接发列车以外时间，运转值班员可以确定场内的调车作业；但与行车调度布置的临时接发列车计划有抵触时，以接发列车作业为主；必须先进行调车作业时，应得到行车调度员的批准。

2. 正线调车作业事故的预防

①正线调车由调车指挥人员提出调车申请，行车调度员在接到申请后确认不影响正常

运营时方可同意调车申请，并做好相应记录。调车进路的排列由车站操作，但行车时行车调度员必须加强对进路及调车全过程的监控。

②遇到正线调车时，行车调度应事先取消相关进路的自动进路功能。

③正线调车遇到轨道电路压不死等不正常现象时，必要时可采取单锁道岔的方式，必要时须现场加钩锁器以确保安全。

④如涉及越出站界调车，行车调度员应该发布调度命令，令相关车站办理闭塞后方可进行。

四、接发列车作业惯性事故预防

接发列车是城市轨道交通行车工作中最重要的环节之一。接发列车的作业安全直接关系到城市轨道交通的行车安全，因此，所有参与接发列车的工作人员，均应以高度的工作责任感，严格执行规章制度，保证接发列车作业安全。

（一）接发列车作业安全基本知识

接发列车作业主要是指对列车的车次、行驶时长和频率以及行驶方向进行安排，这一环节也是列车运行过程中很关键的一个环节。

1. 列车车次与行车安全

在整个轨道交通系统中行驶的列车是非常多的，因此，需要指挥人员进行周密安排。列车的车次一旦被误判，则很可能发生变轨错误的情况，导致撞车事件的发生。填报人员要细心、有耐心，如果出现记忆不明的情况应该马上核实，绝对不能有"差不多"的心理。

2. 列车行运方向与行车安全

列车的行驶方向也是很重要的信息，同样不能有丝毫差错。特别是遇到同一条线路上有两个及以上的列车行驶的情况，对于其行驶方向应该以醒目的标志进行提醒，并报告下一站的站名，避免列车驶向错误的方向。

3. 列车行运指挥与行车安全

指挥的级别应该从总部向分部发展，由总部进行统一指挥，再逐级下发至各分部，这一过程要遵守的原则是正确性和服从性。

正确性的含义很明显，即指挥过程中应该自始至终保证指挥内容的正确，一旦出现指挥命令有误、指挥内容不全、指挥方法不科学或者分站人员对指挥命令理解错误、对指挥内容记忆不全以及使用错误的方法进行安排等情况，很容易导致危险的发生。所以在进行指挥之前，要对将要指挥的内容进行理解和记忆，对实际应用场所进行考察，积极收集相关人员的意见和建议，这样才能在指挥过程中做到准确无误。

分站工作人员应该严格服从指挥命令，不做规章制度规定以外的事情。

（二）非正常情况接发列车作业事故的种类及主要原因

城市轨道交通一般均为双线，信号系统普遍采用中央级控制（ATS），列车实行自动驾驶运行。正常情况下，车站原则上并不办理闭塞及接发列车。车站对列车运行情况进行监控，并负责向行车调度报告，各站间相互报点；当发生意外事件时，向行车调度请示，经同意后暂不报点；站台服务员按有关规定迎送列车，只在停电、调度集中、信号连锁设备等出现故障，需要人工排列进路组织列车运行及列车开到区间因故障要退回车站等非正常情况下，车站才能办理闭塞，接发列车。

车站在办理接发列车和列车通过作业程序中发生的一切行车事故称为接发列车事故。

1. 非正常情况下接发列车事故的种类

①向占用区间发出列车。

②向接入线路发出列车。

③未准备好进路接发列车。

④未办或错办电话闭塞发出列车。

⑤列车冒进信号或越过警冲标。

⑥错误办理行车凭证发车耽误列车。

2. 发生接发列车作业事故的主要原因

①车站值班员离岗，或做与接发列车作业无关的事情。

②办理电话闭塞时没有确认区间处于空闲状态。

③不按规定检查确认接发列车进路。

④不认真核对行车凭证。

⑤错办或未及时办理信号。

⑥取消、变更接发列车进路时联络不彻底。

（三）非正常情况接发列车作业事故的预防

接发列车作业从办理闭塞、准备进路到开放信号、交递凭证直至列车由车站发出或通过，其间任何一个环节的漏洞都有可能埋下事故隐患，任何一项差错都可能危及列车运行安全。因此，日常办理每一趟列车接发，均须高度重视，认真作业。

1. 办理电话闭塞不能简化作业过程

办理电话闭塞是接发列车的首要作业环节，是列车取得区间占用权的重要环节，也是易发生列车事故的关键环节。

①办理电话闭塞前，必须认真确认区间空闲。车站值班员在办理电话闭塞时，为防止占用区间发出列车，在确认区间空闲时必须认真做好以下工作：

a. 检查确认前一列车是否完整到达前方站。

b. 通过闭塞设备确认区间空闲，检查确认区间是否有列车占用。

c. 检查确认区间是否封锁。

d. 检查有关记录，检查确认其他占用区间的情况。

②办理闭塞时，车次必须准确清晰，用语必须简洁完整。现场作业时，有的车站值班员承认闭塞时，仅简化回答"同意"两字而未复诵，未起到与相邻互控、联控的作用，极易错办车次。为此，办理闭塞及承认闭塞时，均须完整按照行车标准用语执行。

2. 认真检查确认接发列车进路

准备接发列车进路，是指将列车经由车站所运行的线路安全开通。它是接发列车工作中一项极为重要的作业环节，在准备接发列车进路时，应重点检查以下事项：

①确认接车线路空闲。没有到发线的车站准备接车进路或通过进路时，首先必须确认接车（通过）的线路空闲，以防止线路上存有机车、车辆及其他危及列车运行安全的障碍物等。为此，车站值班员和现场作业人员必须对接车（通过）进路线路是否空闲进行检查和确认。检查的方法有设备检查，即设有轨道电路及控制台上设有股道占用标识的，通过控制台对股道是否占用进行确认；目视检查，即车站值班员（助理值班员）现场目视检查线路空闲；分段检查，即在天气不好或瞭望条件不良、小曲线半径或联锁设备失效的情况下，车站（车厂）值班员（助理值班员）和现场人员按划分地段分别检查确认。

②确认接发列车进路正确无误。接发列车进路的正确与否，直接关系列车运行是否安全。因此，在接发列车作业中，对列车进路的确认极为重要，切不可疏忽。联锁设备正常时车站可通过信号设备的显示来确认接发列车进路；遇联锁设备停用时，对列车进路的现场检查则更须严密细致，对进路上的道岔逐个确认，确认其位置正确及按照要求加锁后，方可报告接发列车进路准备妥当。

③确认影响进路的其他作业已经停止。

3. 确认行车凭证的办理及交付正确无误

行车凭证是列车占用区间的依据，包括信号机显示、路票、调度命令等。有关作业人员办理行车凭证时，必须认真严谨，防止因差错而造成行车事故。

①防误操作信号设备。信号是指列车运行的命令。信号正常时，信号机上显示的准许列车运行的各种信号均为列车行车凭证。信号的开放和关闭至关重要，因此，车站值班员、信号员在操作信号设备时，必须全神贯注，精力集中，遵章守纪，严格坚持"眼看、手指、口呼"一致的确认操纵制度，确保信号指示准确无误。

②防误填写行车凭证。使用路票、调度命令等书面凭证办理行车时，对其使用日期、区间、车次、地点、电话记录号码或调度命令号码等应特别注意。书面凭证填写后，必须逐字逐项复诵，认真进行核对，确保信号指示准确无误。

4. 严格执行接发列车作业程序、规范用语

为确保接发列车作业的安全稳定，尤其是在迎接处理中，车站接发列车作业应按规定程序办理，并使用规定用语。随意简化，甚至颠倒或遗漏作业程序及用语，将危及行车安全。

5. 必要时立岗监督接送列车并指示发车

接送列车及指示发车直接关系到接发列车作业的安全。在信号正常的情况下，车站原则上不办理接发列车作业；遇特殊情况（指信号联锁故障需要人工排列进路口组织列车运行时，或列车开到区间因故障要退回车站等情况）需要接发列车时，车站接发列车人员应严格执行接发列车作业程序。

①确认列车整列到达。

②严密监视列车运行安全状态。站台岗人员随时注意站台乘客动态，当列车进站时应于站台扶梯口靠近紧急停车按钮附近站岗，防止乘客在列车关门时冲上车而被车门或屏蔽门夹伤，维护站台秩序，监督驾驶员按规范动作关门。发车时，站台岗（或驾驶员）若发现站台或屏蔽门异常，应立即用对讲机通知驾驶员（或站台岗人员）并及时处理。

③确认列车发车条件无误后，方可指示发车。

第五章　外部电源、中压网络与牵引供电系统

第一节　外部电源

一、外部电源供电方式

对于城市电网而言，城市轨道交通供电系统属于电力部门的一级负荷。因此，牵引变电所或降压变电所均由两个独立的电源供电。又由于轨道交通线路分布范围较广，通常要在轨道沿线设置多个牵引变电所或降压变电所，再加上电源线路的具体分布情况不同，因此，向牵引变电所或降压变电所供电的形式复杂多样，但它们可以被归纳为以下几种典型的形式：

（一）集中式供电

集中式供电是指沿着城市轨道交通线路，建设城市轨道交通专用的主变电所。主变电所的作用是将城市电网的 AC 110 kV 电压转变为城市轨道交通内部供电系统所需的电压等级。一般称城市轨道交通内部供电系统为中压系统或中压网络，其电压等级为 AC 10 kV 或 AC 35 kV。

城市轨道交通供电系统属于一级负荷，每个主变电所均由两路独立的 AC 110 kV 电源供电。主变电所的电气主接线、设备选择均与电力系统的 AC 110 kV 变电所相同。

集中式供电的优点在于从城市电网引入高压电源，与城市电网的接口较少，且城市轨道交通供电系统相对独立，自成系统，便于运营管理。但由于需要建设城市轨道交通专用的主变电所，其建设成本较高。

（二）分散式供电

分散式供电是指城市轨道交通系统不设主变电所，而是直接从沿线城市电网的区域变电所引入 AC 10 kV 或 AC 35 kV 电源，为牵引变电所和降压变电所供电的外部电源供电方式。

采用分散式供电的城市轨道交通系统要求城市电网在城市轨道交通沿线有足够的电源引入点和备用容量，且同时满足每个牵引、降压变电所均能从城市电网的区域变电所获得两路独立电源。为减少城市轨道交通供电系统与城市电网的接口数量，一般每隔4～5站设置一个电源开闭所，两个电源开闭所之间通过双环网电缆连接。

采用分散式供电的城市轨道交通供电系统与城市电网关系密切，独立性差，运营管理相对复杂。

（三）混合式供电

混合式供电是指根据城市电网的结构特点以及城市轨道交通线路走向的需要，部分AC 10 kV或AC 35 kV电源从沿线城市电网的区域变电所引入，部分AC 10 kV或AC 35 kV电源从城市轨道交通专用的主变电所引入的供电方式。

混合式供电兼有集中式供电和分散式供电的特点。

二、主变电所

城市轨道交通供电系统的外部电源采用集中式或混合式供电时，需要建设主变电所。主变电所通常为110 kV变电所，所以应满足《35～110 kV变电所设计规范》。

（一）电气主接线

变电所的电气主接线是指由变压器、断路器、开关设备、母线等及其连接导线所组成的接收和分配电能的电路。电气主接线反映了变电所的基本结构和功能，在运行中，它能表明电能的输送和分配的关系以及变电所一次设备的运行方式，成为实际运行操作的依据。在设计中，主接线的确定对变电所的设备选择、配电装置布置、继电保护配置和计算、自动装置和控制方式选择等都有重大影响。此外，电气主接线对牵引供电系统的运行可靠性、电能质量、运行灵活性和经济性起着决定性作用。

对变电所电气主接线的基本要求为：

①可靠。即保证在各种运行方式下供电的连续性。牵引负荷是一级负荷，中断供电将造成重大经济损失与社会影响，甚至造成人员伤亡，所以，高质量、连续的供电是对电气主接线的首要要求。

②灵活。即在系统故障或变电所设备故障和检修时，能适应调度的要求，灵活、简便、迅速地改变运行方式，且故障影响的范围最小。这就要求电气主接线尽可能简洁明了，没有多余的电气设备；投入或切除某些设备和线路的操作方便，以避免误操作。电气主接线的灵活性还表现在具有适应发展的可能性。

③安全。即保证在进行一切操作时工作人员和设备的安全，以及能在安全条件下进行维护检修工作。

④经济。即应使主接线投资与运行费用达到经济、合理。经济性主要取决于母线的结构类型与组数，主变压器容量、结构形式和数量，高压断路器数量，配电装置结构类型和占地面积等因素。经济性往往与可靠性之间存在矛盾，要增强主接线的可靠性与灵活性，就要增加设备和投资。因此，在确定主接线的形式时，要进行经济技术比较，在安全可靠、运行灵活的前提下，尽量使投资和运行费用最省。

此外，随着城市轨道交通运量的增长，变电所增容，增加馈线，以及其他设备的改建、扩建经常发生，因此，电气主接线的设计应当从长远规划，精心设计，给将来的扩建留有余地。特别是在城市轨道交通变电所设计中，还应注意场地条件安排与城市规划发展相结合。

变电所的变压器与馈线之间采用什么方式连接，以保证工作可靠、灵活是十分重要的问题。应用不同的母线连接方式，可保证在变压器数量少的情况下也能向多个用户供电，或者保证用户的馈线能从不同的变压器中获得电能。母线又称汇流排，在原理上它是电路中的一个电气节点，起着集中变压器的电能并给各用户的馈电线分配电能的作用。若母线发生故障，将使用户供电全部中断。故在主接线的设计中，选择什么样的母线就显得特别重要。

（二）电气主接线的基本形式

1. 单母线不分段接线

单母线不分段是比较简单的接线方式，如图 5-1 所示，设有一套母线，电源回路和用电回路通过断路器和隔离开关后分别与母线连接。这种接线方式的特点是接线简单，设备少，配电装置费用低，经济性好，并能满足一定的可靠性。每个回路由断路器切断负荷电流和故障电流。检修断路器时，可用两侧隔离开关使断路器与电压隔离，以保证检修人员安全。任一用电回路可从任何电源回路取得电能，而不会因运行方式的不同造成相互影响。检修任一回路及其断路器时，仅该回路停电，其他回路不受影响。但检修母线和与母线相连接的隔离开关时，将造成全部停电。母线发生故障，将使全部电源回路断电，待修复后才能恢复供电。这种接线方式仅用于对可靠性要求不高的供电场合。

2. 单母线分段接线

单母线分段接线是克服不分段母线的工作不够可靠、灵活性差的有效方法，如图 5-2 所示。分段断路器 MD 正常时闭合，使两段母线并联运行，电源回路和同一负荷的馈电回

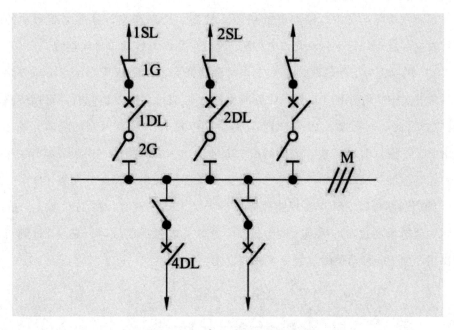

图 5－1 单母线不分段接线

路应交错连接在不同的分段母线上，这样，当检修母线时，停电范围缩小一半。母线发生故障时，分段断路器 MD 由于保护动作而自动跳闸，将故障段母线断开，非故障段母线及与其相连接的线路仍照常工作，仅使故障段母线连接的电源线路与馈电回路停电。用隔离开关分段的接线的可靠性稍差一些，母线发生故障时将短时全部停电，打开分段隔离开关后，非故障段母线即可恢复供电。

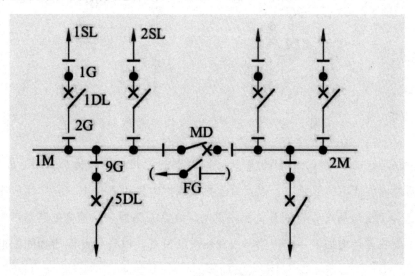

图 5－2 单母线分段接线

3. 具有旁路母线的单母线接线

单母线分段接线虽能提高运行的可靠性与灵活性，但线路断路器检修或故障时将使该回路停电。而在实际运行中，断路器的故障率较高，检修频繁，是配电装置中的薄弱环节。为克服这一缺点，可采用如图5-3所示的具有旁路母线的单母线接线。

图5-3中，M为工作母线，正常工作时旁路断路器PD断开，各回路与旁路母线相连接的隔离开关PG均打开。当任一线路断路器（如1DL）需要检修时，可用旁路断路器PD代替它，为此，须先投入PD和1PG，然后再切断1DL和其两侧的隔离开关，这样便完成了由PD代替1DL的转换，而使线路1SL不停电。需要指出，由于隔离开关不能带负荷切断和闭合电路，因此必须严格遵守上述操作顺序。如果在旁路断路器PD未合闸时先合1PG，则当旁路母线PM存在短路故障而事先又未被发现时，将1PG投入，在触头断口处会因短路电流通过，形成强大的电弧而不能断开以致造成故障。先合PD则可借助继电保护作用，使PD自动跳闸，避免事故的发生。

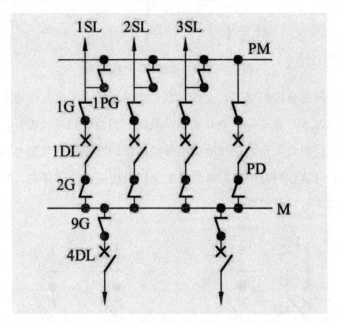

图5-3 具有旁路母线的单母线接线

具有旁路母线的单母线接线不但解决了断路器的公共备用和检修备用，而且在调试、更换断路器及内装式电流互感器，以及整定继电保护时都可不停电。它广泛应用于牵引负荷和35 kV以上变电所中，特别是负荷较重要、线路断路器多、检修断路器不允许停电的场合。其主要缺点是增加了一套旁路母线和相应的设备，以及为此而增加的配电装置的占地面积。

4. 双母线接线

双母线接线如图5-4所示，设有两套母线，即工作母线1M和备用母线2M，两套母线通过母联断路器MD连接起来。每条电源线路和馈电线路经断路器后用两只隔离开关分别与两条母线连接，正常运行时，仅母线 1M 工作，所有与 1M 相连接的隔离开关闭合，而与 2M 连接的隔离开关断开，母联断路器 MD 打开。

双母线接线中，由于它比单母线接线增加了一套备用母线，故当工作母线发生故障时，可将全部回路迅速转换到由备用母线供电，缩短了停电时间。检修母线时，可倒换到由另一套母线供电而不中断供电。检修任一回路的隔离开关时，只须使本回路停电。无备用断路器的情况下，检修任一断路器时，可通过一定的转换操作，用母联断路器代替被检修的断路器，因而停电时间很短。这时电路按具有旁路母线的单母线接线方式运行，被检修断路器两侧用电线跨接。

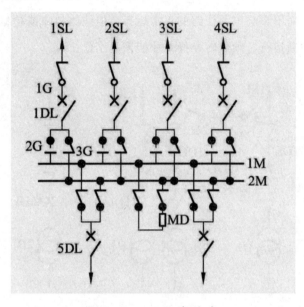

图 5-4 双母线接线

此外，双母线接线方式具有较好的运行灵活性。它还可以按单母线分段的接线方式运行，只须将一部分电源回路和馈电回路接至一套母线，而将其余回路接入另一套母线，通过母联断路器使两套母线连接且并联运行。

双母线接线的缺点是隔离开关的数量多，配电装置结构复杂，转换步骤较烦琐，且一次费用和占地面积都相应增大。

这种接线方式适用于牵引变电所电源回路较多（四回路以上），且具有通过母线给其他变电所输送大功率供电回路的场合。对于 110 kV 以上电压的变电所母线，如线路较多且不允许停电，则可采用具有旁路母线的双母线接线。

5. 桥形接线

当变电所只有两条电源回路和两台变压器时，可采用如图 5-5 所示的桥形接线。其特点是有一条横跨连接的"桥"。这种接线方式中，4 个连接元件仅需 3 个断路器，配电装置结构也简单。根据桥接母线的位置不同，桥形接线分为内桥形接线和外桥形接线两种。前者的桥接母线连接在靠变压器侧，而后者则连接在靠断路器线路侧。桥接母线上的QDL在正常状态下合闸运行。

内桥形接线的线路断路器 1DL、2DL 分别连接在两电源线路上，改变输电线路的运行方式比较灵活。例如，线路 1SL 发生故障时，仅 1DL 自动跳闸，两台变压器仍能正常运行，由线路 2SL 供电，但当变压器回路（如 1B）发生故障或检修时，须断开 1DL 和 QDL，经过"倒闸操作"，拉开隔离开关 G，再闭合 1DL 和 QDL 才能恢复供电。图 5—5 中的外桥形接线的特点与内桥形接线相反，当变压器发生故障或运行中断开时，只须断开它们前面的断路器，而不影响电源线路的正常运行，但线路故障或检修时，将使与该线路连接的变压器短时中断运行，须经转换操作才能恢复工作。

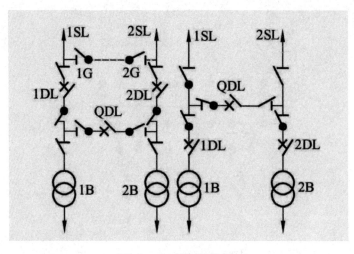

图 5—5　桥形接线

比较以上两种接线的运行特点可看出，内桥形接线适用于供电线路长、故障较多、负荷较稳定的场合；而外桥形接线适用于电源线路较短、故障少、负荷不稳定、变压器要经常切换的场合，也可用在有穿越功率通过的与环形电网相连接的变电所中。

（三）主变电所电气主接线

主变电所的作用是将城市电网的 110 kV 或 220 kV 电能降压后以相应的电压等级（10 kV或 35 kV）分别供给牵引变电所和降压变电所。为保证城市轨道交通供电的可靠性，一般设置两座或两座以上主变电所。主变电所由两路独立的电源进线供电，内部设置两台相同的主变压器。根据牵引负荷容量和动力负荷容量的大小，主变压器可采用三相三绕组的有载调压变压器，也可采用双绕组的变压器。

图 5—6 所示是较典型的城市轨道交通主变电所电气主接线，110 kV 侧采用单母线分

段的内桥形接线，分段开关可用断路器，也可用隔离开关，正常运行时分段开关打开。当一路电源进线故障时，通过倒闸，两台变压器即可从正常的一路电源进线取得电能。35 kV和10kV侧均采用单母线分段接线。在有两个主变电所时，为了确保牵引变电所的可靠供电，可从35 kV或10 kV的两段母线上各引一路送到专设在其他合适地点的线路联络开关处，以供故障时联络之用。当某一主变电所停电时，由该所母线供电的牵引变电所可通过线路联络开关从另一主变电所35 kV或10 kV侧获得电能。任一主变电所停电并且另一主变电所一路电源失压时，可切除二、三级负荷，以保证牵引变电所的不间断供电，使列车仍能继续运行。

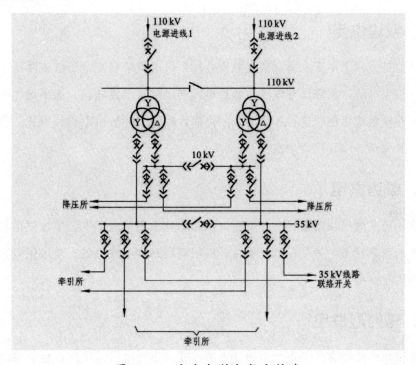

图 5—6　主变电所电气主接线

第二节　中压网络

　　在城市轨道交通供电系统中，中压网络并不是独立的子系统。在集中式供电方案中，中压网络是纵向连接上级主变电所与下级牵引变电所或降压变电所，以及横向连接各牵引变电所或降压变电所的供电线路。在分散式供电方案中，为减少城市轨道交通供电系统与城市电网的接口，一般在城市电网与城市轨道交通供电系统之间设置电源开闭所，此时，中压网络是连接开闭所与牵引变电所或降压变电所或横向连接各牵引变电所或降压变电所的供电线路。我国城市轨道交通供电系统的中压网络的电压等级一般为 AC 10 kV 或 AC 35 kV。中压网络的接线方式可采用环形供电、双边供电、单边供电或辐射形供电等方式。

一、环形供电

环形供电的接线方式是将两个或两个以上主变电站（或城市电网的区域变电所）与所有的牵引变电所（或降压变电所）用输电线连成一个环形。在环形供电情况下，如果一路输电线和一个主变电所同时停止工作，只要其母线仍保持通电，就不致中断任何一个牵引变电所或降压变电所的正常供电。因此，环形供电接线方式的可靠性很高，但投资较大。

二、双边供电

双边供电是由两个主变电所（或区域变电所）向沿线牵引变电所（或降压变电所）供电，通往牵引变电所（或降压变电所）的输电线都经过其母线连接。为了增加供电的可靠性，用双回路输电线供电。这种接线方式的可靠性稍低于环形供电接线方式。当引入线数目较多时，开关设备多，投资增加。

三、单边供电

当城市轨道交通沿线附近只有一侧有电源时，则采用单边供电。单边供电较环形供电和双边供电的可靠性差，为了提高可靠性，应用双回路输电线供电。单边供电方式所需设备较少，投资也少些。

四、辐射形供电

辐射形供电的接线方式是每个牵引变电所（或降压变电所）用两路独立输电线与主变电所（或区域变电所）连接。这种接线方式适合于轨道线路呈弧形的情况。这种接线方式简单，但当主变电所停电时，将全线停电。

应当指出，实际情况常常是以上某些典型接线方式的综合。

第三节　牵引供电系统

一、牵引变电所

城市轨道交通牵引变电所的主要功能是，将来自中压网络的工频三相交流电经牵引变压器降压，然后通过整流器转换为直流电，向城市轨道交通列车提供符合要求的电能。

（一）电气主接线

城市轨道交通牵引变电所的电气主接线是由各主要电气设备（包括中压母线及开关设备、整流机组、直流母线及开关设备、互感器等）按一定顺序连接，并实现电能输送和分配的电气接线（电路），电气主接线应满足可靠性、灵活性和经济性的基本要求。

如图 5－7 所示是典型的牵引变电所电气主接线。

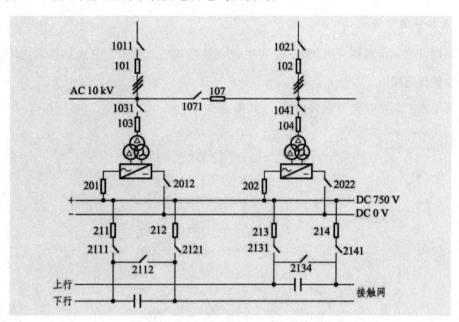

图 5－7 牵引变电所电气主接线

该主接线的特点是：

① 由两路独立的中压电源供电；

② 中压母线为单母线分段结构；

③ 两套整流机组接于同一中压母线；

④ 牵引侧采用单母线系统，设置两路进线和四路直流馈出线；

⑤ 在上行、下行同一馈电区电分段处设置电动隔离开关，便于实现大双边供电。

（二）牵引整流机组

在城市轨道交通牵引供电系统中，牵引变电所中压侧的电压多为 AC 10 kV 或 AC 35 kV，而接触网的电压为 DC 750 V 或 DC 1 500 V，所以要降压和整流。整流机组包括整流变压器和整流器，其作用是将 AC 10 kV 或 AC 35 kV 电能降压、整流，输出 DC 750

V 或 DC 1 500 V 电压供给接触网,实现电力牵引。

能够直接将交流电能转换为直流电能的电路,泛称整流电路。城市轨道交通牵引供电系统的整流器是由二极管整流桥构成,直流侧输出电流为脉动直流,包含谐波分量。脉动直流在直流负载上产生附加的谐波损耗,在电网侧引起谐波畸变。从提高整流机组的供电质量,减少注入电网谐波含量的角度考虑,经济而有效的方法是在三相桥式整流电路的基础上增加整流相数,因此,整流变压器不仅起降压作用,还要承担将三相交流电变成多相交流电的任务。下面就直流牵引变电所应用的多相整流基本工作原理加以叙述。

1. 三相半波整流

早期建设的城市轨道交通线路普遍采用六脉波桥式整流机组,它包括整流变压器和三相不可控整流电路。

最简单的三相半波整流电路如图 5-8 所示。

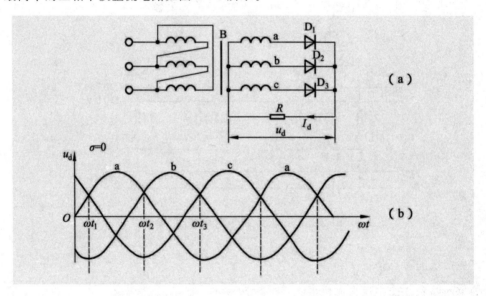

图 5-8　三相半波整流电路

图 5-8(a)所示的整流变压器的二次侧三相绕组 a、b、c 成星形联结,a、b、c 三相分别接大功率半导体整流管 D_1、D_2、D_3,R 为负载电阻。三相交流电压 u_a、u_b、u_c 的波形如图 5-8(b)所示。在任何时刻,相电压最高的一相的整流管导通,此时整流电压(加在负载 R 上的电压)即为该相的瞬时电压,如图中 $\omega t_1 \sim \omega t_2$ 段,为 a 相 D_1 管导通,此时整流电压为 u_a 波形。同理,依次为 b 相 D_2 管导通,c 相 D_3 管导通,此时整流电压为 u_b、u_c 波形。

这种线路的特点为:

①变压器副边每相绕组只导通 1/3 周期,即相差 120°电度角,利用率较低。

②整流管承受的反向电压高。当一个整流管导通时，另外两个管必承受反向电压，其值为副边绕组线电压。如 D_1 管导通时，D_2、D_3 分别承受反电压 u_{ab}、u_{ac}。

③变压器绕组总是通过单方向电流，引起直流磁化，造成铁心饱和，要求加大铁心尺寸，且漏抗增大，损耗增大。

以上电路属共阴极接线，即三相整流管的阴极连接在一起。

2. 六脉波整流

要改善以上整流电路，首先可以设想有两组负荷相近的整流电路（都是三相半波整流电路），但是一组为共阴极接线，另一组为共阳极接线，即 a、b、c 三相绕组连接的三个整流管的阳极连接在一起，如图 5-9（a）所示。此时整流电路的工作情况就会有所改善。

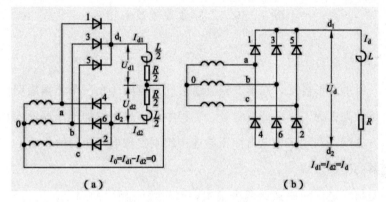

图 5-9 三相半波共阴极组与共阳极组串联电路

图 5-9（a）所示为两组半波共阴、共阳极串联电路，如其负荷电流 Id_1、Id_2 相等，则零线电流 I_0 为零，零线可以取消。同时，两组整流器共用一组三相副边绕组，每相绕组通过的电流方向依次相反，各占 1/3 周期，这样就提高了各绕组的通电时间（加倍），提高了利用率，而且先后流过的电流方向相反，消除了直流磁化的问题。

将图 5-9（a）中两组负载阻抗叠加为一个，则成为图 5-9（b）所示的三相桥式整流电路。

桥式整流电路对同样变压器绕组电压来说，其整流电压升高一倍。反之，如整流电压保持一定，则变压器绕组电压可以降低，因而整流元件承受的反电压可以低一些。三相桥式整流变压器无直流磁化问题。整流电压 U_d 的波形为六相脉动波形，其整流电压的次序依次为线电压 u_{ab}、u_{ac}、u_{bc}、u_{ba}、u_{ca}、u_{cb}、u_{ab}、…，如图 5-10 所示。

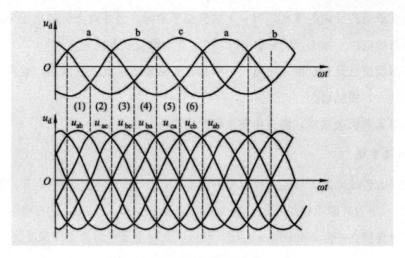

图 5—10　六脉波整流波形图

3.12 脉波整流

由图 5—10 所示波形可见，六脉波整流输出的直流电压在一个工频周期内含有六个脉波，其谐波含量较高。为了降低谐波含量，工程中普遍采用增加整流器输入相数的方法实现。最简单的方法就是利用三相电力变压器连接组别实现电压相位的移动。

（1）变压器的同极性端

同极性端是指交链同一磁通的两个绕组，瞬时极性相同的端子，用符号"＊"标示。未标注的两个端子也是同极性端。同极性端的确定方法是，先假设磁通方向，大拇指指磁通方向，右手顺着绕组绕向握进去的两个绕组的对应端子即为同极性端，如图 5—11（a）、（b）所示。同极性端反映了两个绕组的相对绕向。

从星端指向非星端，高、低压绕组的电势 E_1、E_2 都滞后磁通 $\varphi 90°$，所以 E_1、E_2 始终同相位，如图 5—11（c）所示。若不画具体绕组，如图 5—11（d）所示，也可直接确定出 E_1、E_2 的相位。

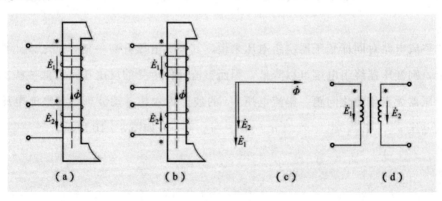

图 5—11　变压器的同极性端

（2）变压器的连接组别

连接组别反映了变压器高、低压侧绕组的连接方式，以及高、低压绕组对应线电势的相位关系。三相变压器高、低压绕组对应的线电动势之间的相位差，不仅与绕组的极性和首末端的标志有关，而且与绕组的连接方式有关。

三相变压器的三个高压绕组与三相交流电源的连接方式有两种，即星形（Y）连接和三角形（D）连接。同样，三个低压绕组的连接方式也应当有这两种接法。所以，三相变压器高、低压绕组的基本连接方式有（Y、y 连接）、（Y、d 连接）、（D、y 连接）、（D、d 连接）四种。绕组采用不同的连接方式，变压器的高、低压侧对应线电势（或电压）的相位关系就会不同。

（3）12 脉波整流原理

图 5-12 所示为 12 脉波整流电路图。该整流电路的三相变压器网侧绕组为 D 接线，阀侧的两个绕组分别接成 y 接线和 d 接线，每个绕组接一台三相桥式整流器，两台整流器的输出端在直流母线进行并联连接。

变压器网侧绕组接成 D 接线是为了减少高次谐波对电网的影响。交流电经整流器整流后所含的大量高次谐波电流，可在 D 接线的原边形成环流，从而减少高次谐波电流对电网的影响，保证供电波形的质量。

图 5-12 所示的整流变压器二次侧的 d 绕组的三相线电压的有效值与 y 绕组的三相线电压的有效值对应相等，根据三相变压器连接组别，变压器二次侧 y 绕组的三相线电压分别超前对应的 d 绕组的线电压 30°，如图 5-12（b）所示。这样，施加于两组三相桥式整流器的两组三相交流电的相位就彼此相差了 30°，对于两组三相桥式整流器而言，就等效为六相交流电。将等效六相交流电的正、负半周画在同一个相量图中，则获得图 5-12（c）所示的 12 相整流相量图。图 5-13 所示为 12 脉波整流的波形图。

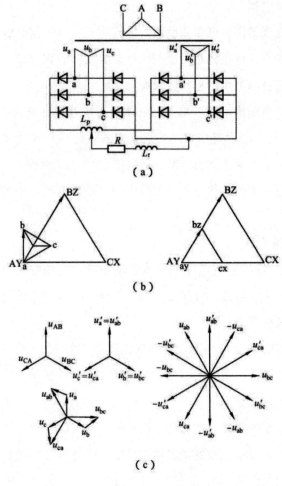

图 5—12　12 脉波整流

L_{p}——平衡电抗器的电感；L_{r}——负载等效电感；R——负载等效电阻。

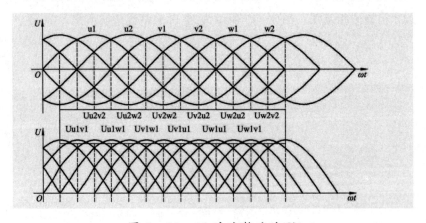

图 5—13　12 脉波整流波形

由于两台整流变压器的阀侧线电压之间互差 30°相位，虽然两个三相整流桥输出的直流电压平均值相等，但其瞬时值不等，导致两桥之间存在瞬时电压差，称为均衡电压 X。均衡电压将产生均衡电流，均衡电流的通路是流过变压器的两组阀侧绕组和两个整流桥而形成的不流经负载的电流。均衡电流的存在，增加了整流电路的损耗。为减小均衡电流，可加装平衡电抗人 L_p。目前，多是通过提高整流变压器漏抗的方法构成不带桥间平衡电抗器的整流机组，故整流变压器的漏抗较普通电力变压器的漏抗要大。

4. 等效 24 脉波整流

等效 24 脉波整流机组是在两台 12 脉波整流机组的基础上将整流变压器一次侧 D 绕组改变为延边三角形绕组，并将其阀侧的四组三相桥式整流器并联连接构成的。图 5—14 所示为等效 24 脉波整流机组简化接线图。

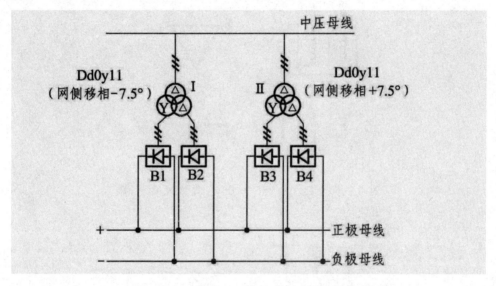

图 5—14　等效 24 脉波整流简化接线图

等效 24 脉波整流原理：众所周知，通过三相电力变压器的不同接线方式可实现原、次边的最小相位差是 30°，也就是说，普通三相电力变压器最多能实现 12 脉波整流。要实现 24 脉波整流，必须使两台整流变压器二次绕组的同名端线电压之间产生 15°的相位差，才能使两台并联运行的 12 脉波整流器的输出端实现 24 脉波整流的要求。另外，为了使两台并联运行的整流变压器对电源实现平衡运行，要使两台变压器具有相同的电气参数。因此在两台变压器的连接组别相同的基础上，使两台变压器分别移相＋7.5°和－7.5°，实现两台整流变压器二次绕组的同名端线电压之间相差 15°的目的。

对于大功率整流变压器而言，将整流变压器的一次侧采用延边三角形接线方式可实现电压相位的移动。所谓延边三角形接线，就是将三相变压器的每一相的一次绕组分成两部分：一部分作为延边绕组使用，实现相位的移动；另一部分作为主绕组使用，完成变压器

一、二次侧的电磁耦合。换言之，主绕组就是普通变压器的一次绕组，延边绕组相当于移相电感，移相角的大小可以通过调整移相绕组的结构来实现。

图 5-15、图 5-16 所示为移相±7.5°的两台整流变压器接线原理图和各绕组电压相量图。图 5-17 所示为图 5-15 中延边绕组的相量图。

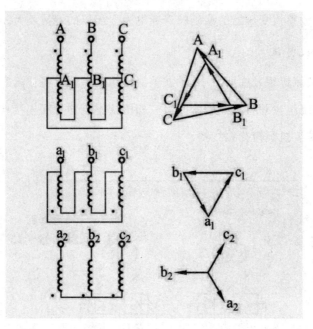

图 5-15　D（+7.5°）d6y5 接线及向量图

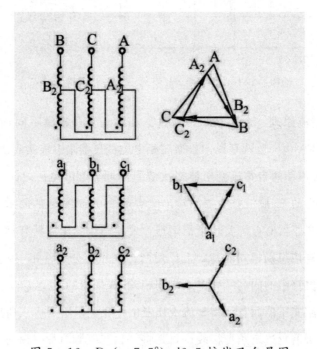

图 5-16　D（-7.5°）d6y5 接线及向量图

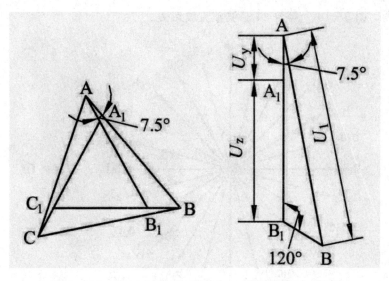

图 5－17　D（＋7.5°）d6y5 一次侧电压相量图

我们以图 5－17 为例分析延边三角形接线变压器的移相原理。

对于 $\triangle AB_1B$ ，电源电压为 U_{BA} ，移相绕组电压为 U_{B_1B} ，主绕组电压为 $U_{B_1A_1}$ 。根据三角形的正弦定理有

$$\frac{U_{B_1B}}{U_{BA}} = \frac{\sin 7.5°}{\sin 120°} \tag{5-1}$$

得移相绕组电压

$$U_{B_1B} = U_{BA}\,\frac{\sin 7.5°}{\sin 120°} \tag{5-2}$$

由

$$\frac{U_{BA}}{U_{BA}} = \frac{\sin 52.5°}{\sin 120°} \tag{5-3}$$

得

$$U_{B_1A} = U_{BA}\,\frac{\sin 52.5°}{\sin 120°} \tag{5-4}$$

因 $A_1A = B_1B$ ，得主绕组电压

$$U_{B_1A_1} = U_{B_1A} - U_{A_1A} = U_{BA}\left(\frac{\sin 52.5°}{\sin 120°} - \frac{\sin 7.5°}{\sin 120°}\right) \tag{5-5}$$

则 $U_{B_1A_1}$ 相对于 U_{BA} 移＋7.5°，其余两相同样移相＋7.5°。对图 5－16 而言，相对于 U_{BA} 移相－7.5°，其余两相同样移相－7.5°。由此可见，整流变压器网侧绕组采用延边三角形接线后，整流变压器 T_1 和 T_2 的网侧角接绕组电压相对于电源电压分别移相±7.5°，实现了整流变压器 T_1 和 T_2 的网侧角接绕组各电压相位相差 15DU3 的相移。两台整流变压器二次绕组构成 12 相电压，经整流器输出为 24 脉波的直流电压。图 5－18 为等效 24 脉

波整流相量图，图 5—19 为等效 24 脉波整流波形图。

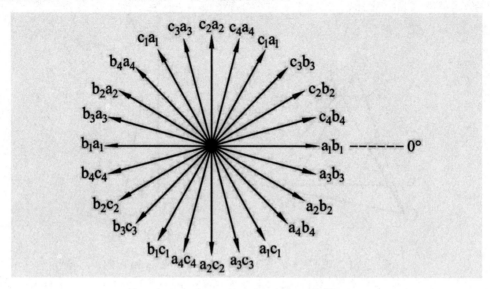

图 5—18　等效 24 脉波整流相量图

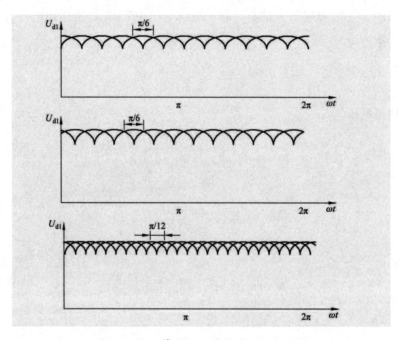

图 5—19　等效 24 脉波整流波形图

5. 平衡电抗器

实际上，两组整流电路并联连接，要达到真正并联工作，必须要两个电源的情况完全相同（平均值和瞬时值均相等）才行。在图 5—9（a）所示的六脉波整流电路中，虽然两组整流电压的平均值 U_{d1}、U_{d2} 相等，但是它们的脉动波相差 60DU3，它们的瞬时值 U_{d1} 和 U_{d2} 是不同的。为了解决这个问题，可在两组整流电路的中心点接入一个平衡电抗器 L_p。

L_p 分成两半，两组整流电路各占一半。平衡电抗器既限制了由于瞬时电压 U_{d1} 和 U_{d2} 的不同而造成的在两组整流电路内部流通的不平衡电流 i_p 的数值，从而均化两组整流电路的负荷电流，同时还在 L_p 中点两侧产生感应电势以补偿两个整流电路瞬时电压 U_{d1} 和 U_{d2} 的差值，使两组整流电路加到负荷上的电压相等，使两组整流电路真正并联工作。

目前，城市轨道交通牵引整流机组并不单独设置平衡电抗器，而是将牵引整流变压器制造成分裂绕组结构，提高变压器的等效电抗，实现平衡电抗器的功能。

（三）直流断路器

实验发现，在大气中开断电路时，只要被开断电流超过 0.25 A，电压超过 12 V，触头间隙中将产生电弧，只有当电弧熄灭时，电流才被切断。断路器是能够在较短的时间内关合、承载和开断正常回路条件下的电流，并能关合、开断异常回路条件（包括短路条件）下的电流的开关装置。

1. 气体的放电现象

气体常作为电力系统和电气设备中的绝缘介质。例如，架空线路中相与相之间、相与地之间，变压器外绝缘等就是利用空气的绝缘性能而将其作为绝缘介质的。

正常情况下，气体是绝缘体，但其中仍有少量的带电质点，这是在空中高能射线（如紫外线、宇宙射线及地球内部辐射线）的作用下产生的。在电场作用下，这些带电质点做定向运动而形成电导电流。因此，气体不是理想的绝缘体，不过，当电场较弱，带电质点数极少，电流极小时，气体仍是良好的绝缘体。

当气体中的电场强度达到一定数值后，气体中电流剧增，在气体间隙中形成一条导电性很高的通道，气体失去了绝缘能力。这种由绝缘状态突变为良导电状态的过程，称为击穿。气体中流过电流的各种形式统称为气体放电。

气体被击穿后，可因电源功率、电极形式、气体压力、气体状态等的不同而具有不同的放电形式。在气压低、电源功率较小时，表现为充满间隙的辉光放电；在大气压下，表现为火花放电或电弧放电；在极不均匀电场中，会在局部电场最强处产生电晕放电。气体中发生的放电现象，表明在电场作用下气体间隙中存在大量的带电质点。这些带电质点的产生与消失决定了气体中放电现象的强弱与发展。

下面我们对城市轨道交通直流断路器中带电质点的产生与消失的过程进行定性分析：

城市轨道交通的直流断路器以大气压下的空气作为绝缘介质。直流断路器在开断回路电流时，气体中带电质点的产生有两个途径：其一是气体本身发生游离，其二是在气体中的金属电极发生表面游离。

我们知道，任何电介质都是由原子组成的，原子则由一带正电的原子核和围绕着原子核旋转的外层电子组成。由于原子所带正、负电荷相等，故正常情况下，原子呈中性。

围绕着原子核旋转的外层电子的能量是不同的，具有不同能量的电子所处的轨道也不同。通常，电子的能量越小，其轨道半径越小，离原子核越近。稳定的原子的外层电子在各自的能级轨道上运转，此时原子的位能最小。当外界给予原子一定的能量时，如果该能量被内层电子获得，该电子将跃迁到离原子核较远、能量更高的轨道上去，但它不会脱离原子核的束缚。我们称这一过程为激励，这样的原子处于激励状态。

原子激励所需能量等于较远轨道与正常轨道的能级之差，称为激励能。处于激励状态的原子的寿命极短。当处于激励状态的原子以光子的形式释放其所吸收的能量时，该原子会自动地返回到原始状态，这一过程被称为反激励。

当原子吸收的外界能量足够大，使得原子中一个或几个电子脱离原子核的束缚而形成自由电子时，中性原子失去电子成为正离子，该原子就被游离了。这一过程称为原子的游离过程，所需能量称为游离能。原子游离后，增加了气体中带电质点的数目。

气体中的带电质点可由如下形式的游离形成：

（1）碰撞游离

在电场作用下，气体中的带电质点被加速获得动能，如果其动能大于气体质点的游离能，在和气体质点发生碰撞时，就可能使气体质点产生游离，分裂成正离子和电子。这种游离称为碰撞游离。碰撞游离是气体中带电质点数目增加的重要原因。

（2）光游离

电磁辐射（光子）的能量等于或大于气体质点的游离能时，所引起的游离过程叫作光游离。光游离在气体放电中起着重要作用。

光具有波粒二象性，光子是携带能量的质点。光游离相当于光子与气体质点发生碰撞，如果光子的能量足够大，就可以使气体质点在碰撞时发生游离，产生正离子和自由电子，此时产生的电子称为光电子。

在各种气体和金属蒸气中，可见光的光子所带能量不足以使气体质点游离，因此可见光不能发生光游离。导致气体光游离的光子可以是伦琴射线、γ射线等高能射线，也可以是气体中反激励过程或异号带电质点复合成中性质点过程中释放出的光子。这些光子又可引起光游离。

（3）热游离

因气体分子热运动状态引起的游离称为热游离。在常温下，气体质点热运动所具有的平均动能远低于气体的游离能，不足以引起碰撞游离。而在高温下（如电弧放电），气体温度可达数千摄氏度，此时气体质点的动能就足以引起碰撞游离。此外，高温气体的热辐射也能导致气体质点产生光游离。

（4）表面游离

在气体中的金属电极表面游离出自由电子的现象称为表面游离。

使金属释放出电子也需要能量，以使电子克服金属表面的束缚作用，这个能量通常被称为溢出功。

金属表面游离所需能量可以从下述途径获得：

①正离子碰撞阴极。正离子在电场中向阴极运动，碰撞阴极时将其能量传递给电子而使金属表面溢出两个电子，其中一个与正离子结合而形成中性质点，另一个成为自由电子。

②光电效应。金属表面受到光的照射产生表面游离。

③场致发射。在阴极附近加上强的外电场，当其电场强度足够高时，将电子从阴极表面拉出来，称为场致发射或冷发射。

④热电子发射。将金属电极加热到很高的温度，使其中的电子获得巨大能量而逸出。

对于工程中常见的气体间隙的击穿来说，起主要作用的是正离子碰撞阴极的表面游离和光电效应。但是，不管是什么形式的游离，要在气体中产生自由电子，都应使气体外层电子或金属表面电子获得足够能量，以克服原子核的吸引力，且每次满足条件的碰撞不一定都能产生游离过程。另外，在气体质点相互碰撞时，还会产生带负电的负离子。这是由于自由电子和气体分子碰撞时，被气体分子吸附而形成负离子。负离子的形成虽然未减少带电质点的数目，但其游离能力比自由电子小得多，因此，负离子的形成对气体放电的发展是不利的，有助于气体绝缘强度的恢复。

2. 气体中带电质点的消失

在气体中产生带电质点的同时，也存在着带电质点消失的过程。带电质点的消失主要有：

①带电质点在电场作用下做定向运动，流入电极，中和电荷。

②带电质点从高浓度区域向低浓度区域扩散。这是由质点的热运动造成的。由于电子的体积、质量远小于离子，因而电子扩散比离子扩散快得多。

③带电质点的复合。带正、负电荷的质点相遇，发生电荷的传递、中和而还原成中性质点的过程，称为复合。正、负离子的复合远比正离子与自由电子的复合容易得多，参加复合的电子大多数是先形成负离子后再与正离子复合的。在复合过程中，质点原先在游离时所吸取的能量以光子的形式释放出来。异号质点的浓度越大，复合越强烈，这个区的光亮度也就越大。因此，强烈的游离区通常也是强烈的复合区，同时伴随着强烈的光辐射。

综合以上分析，气体中的游离与复合过程是同时存在的。在电场作用下，气体间隙是发展成击穿还是保持其绝缘能力，取决于气体中带电质点的产生与消失。如果带电质点的产生占主要地位，气体间隙中的带电质点数目就增加，放电就能发展下去成为击穿；如果带电质点的消失占主要地位，气体间隙中带电质点数目就减少，放电就会逐渐停止，气隙尚能起绝缘作用。游离放电进一步发展和转变成气隙的击穿将随电场情况不同而异。

3. 直流断路器的结构

城市轨道交通牵引供电系统使用的直流断路器为空气绝缘的机械式、单相快速断路器。其额定电流为 1 000～10 000A，其分闸时间为几十毫秒。

直流断路器收到合闸脉冲时，操作机构产生一定的电动力推动脱扣锁钩，使动触头压住静触头，实现闭合，同时将分闸弹簧压缩并储存能量。

直流断路器收到分闸命令时，脱扣器顶起脱扣锁钩，分闸弹簧瞬间完成能量释放，动触头在分闸弹簧的作用下被迅速拉开。分闸过程中，在触头间产生的电弧通过导弧板向上吹入灭弧室，电弧在灭弧室中被平行排列的部分绝缘的金属栅片（钢片）分隔成一系列串联的短弧。因每一短弧都有一阴极和阳极压降，使灭弧室内总的电弧电压增加，当电弧电压超过电源电压后，回路电流开始下降，电离气体在灭弧栅间被中和、降温，使电弧迅速熄灭，从而完成回路的分断任务。

4. 断路器中电弧的产生与熄灭

当电器触头开断有载电路时，常在触头之间产生电弧。电弧是强电子流，属于气体放电的一种形式。电弧的产生会伴随高达数千甚至上万摄氏度的高温及强烈的光辐射，持续燃烧的电弧会导致整个电器的损坏甚至引起火灾和爆炸。

下面我们来分析直流断路器中电弧的产生与熄灭过程：

（1）直流断路器中电弧的产生过程

当动触头在操作机构的推动下开始做分开运动时，随着时间的推移，动触头与静触头间的压力及接触面积将逐渐减小，从而导致触头实际接触处的电流密度逐渐增大，进而造成该触头区域的触头材料被加热。在触头分开瞬间，接触处的金属熔化，形成液态金属桥。当液态金属桥被拉断后，一部分金属变成金属蒸气弥漫于触头间隙中。在此期间，由于触头表面已被剧烈加热，所以炽热的触头金属表面将产生电子的热发射，同时，动、静触头刚分开时距离还很小，触头间隙中的电场强度非常高，因此阴极表面将产生强烈的场致发射。由场致发射和热发射所产生的电子从阴极表面溢出，在电场的作用下，电子撞击阳极，释放能量并加热阳极表面。正离子奔向阴极，一方面在阴极附近产生高的电场并最终撞击阴极，从而产生二次电子发射；另一方面又会在阴极附近区域与电子发生复合并释放能量（光子），光子加热阴极以维持电子的热发射。另外，还有一部分正离子和电子在触头间隙中复合，发出光辐射，使气体粒子的热运动得以加强，这又有利于气体分子的电离或激励。其结果将导致触头间隙中气体温度迅速升高，当电弧温度达 4 000~5 000 K 以后，已经在触头间隙中存在的金属蒸气首先被热电离；当电弧温度达到 8 000~10 000 K 后，将有气体分子在触头间隙内产生强烈的热电离。随着动触头的运动，触头间隙不断增大，使得触头间的电压（电场强度）降低，导致电场电离减弱，但触头间高达 8 000~10 000 K的温度使热电离起主导作用。一旦触头间产生剧烈的热电离，则电离过程将不断加强，导致带电质点的数目越来越多，弧隙电导率越来越大，弧隙两端的电压越来越小，直至电弧进入稳定燃烧阶段。

（2）直流断路器中电弧的熄灭过程

直流断路器工作时，为了减少对断路器触头的损坏，希望电弧能快速熄灭。在开断直流电路的过程中，只有满足直流电弧熄灭的条件，电弧才会熄灭。为了更好地分析直流电弧的熄灭原理，可通过图 5—20 所示的等效电路进行分析。

在图 5—20 中，U 为电源电压，L 和 R 分别为电路中的电感和电阻，触头 1、2 之间存在电弧时，从电弧燃烧到电弧熄灭是个暂态过程。根据基尔霍夫第二定律，对此回路可写出如下微分方程式

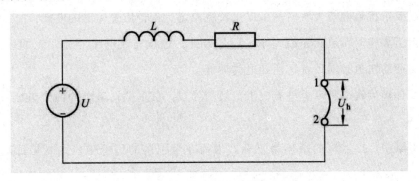

图 5—20　熄弧的等效电路

根据基尔霍夫第二定律，对此回路可写出如下微分方程式

$$U = L\frac{\mathrm{d}I_h}{\mathrm{d}t} + RI_h + U_h \tag{5—6}$$

式中，U_h 为电弧电压，I_h 为电弧电流。整理得

$$L\frac{\mathrm{d}I_h}{\mathrm{d}t} = U - (RI_h + U_h) \tag{5—7}$$

要使电弧熄灭，须使电弧电流 I_h 减小并趋于 0，即 $\dfrac{\mathrm{d}I_h}{\mathrm{d}t} < 0$，可得电弧的熄灭条件是

$$U < RI_h + U_h \tag{5—8}$$

式（5—8）的物理意义是：当电源电压无法维持电弧电压和线路电阻电压时，电弧就会熄灭。

城市轨道交通使用的直流断路器大多是采用提高直流电弧近极压降的方法灭弧。

近极压降法灭弧原理：在电极之间插入彼此绝缘的金属栅片，当电弧进入彼此绝缘的金属栅片时，电极之间的长电弧被彼此绝缘的金属栅片分隔成若干个短电弧。因每一个短电弧在与金属栅片的两面接触时，会产生一个阴极和阳极压降，这就使电极间总的电弧压降增加，将导致式（5—8）中的 RI_h+U_h 增加。当式（5—8）所示条件得到满足时，回路电流开始下降，极间电弧就被熄灭，从而实现灭弧的目的。

二、牵引网

城市轨道交通牵引网是牵引供电系统中的重要组成部分，是为城轨列车提供电能的特殊供电回路。城市轨道交通牵引网由馈电线、接触网、轨道、回流线构成。

馈电线是连接牵引变电所电源正极与接触网的导线，把经牵引整流机组变换成合乎牵引制式要求的电能馈送给接触网。

接触网是与钢轨保持一定距离，敷设于轨道上方或侧面的输电网。牵引电能通过与接触网滑动接触的受流器引入城轨列车，驱动牵引电机使列车运行。由于牵引负荷处于运动状态，所以要求接触网能为城轨列车提供授流稳定且符合质量标准的电能。

城市轨道交通的轨道除完成列车走行任务外，还须完成电流导通回流的任务，因此，城市轨道交通的轨道必须具有畅通导电的性能。

回流线是连接轨道和牵引整流机组负极的导线，负责把轨道中的回流电流导入牵引变电所。

在牵引网中，接触网的结构最复杂，因而在牵引网的讨论中，主要是针对接触网而言的。

（一）接触网的工作特点与基本要求

1. 接触网的工作特点

（1）没有备用

接触网由于其与电动车组在空间上的关系，和轨道一样无法采取备用措施。所以，一旦接触网发生故障，整个供电区间即全部停电，在其间运行的电动车辆失去电能供应，列车停运。

（2）经常处在动态运行状态中

和一般的电力线路只在固定的两点间传输电能不同，在接触网的沿线有许多电动车组高速运动取流。电动车组受电弓（或受流器）以一定的压力和速度与接触网接触摩擦取流。流过接触网的电流很大，在电动车组运行过程中不可避免地会产生受电弓离线而引起电弧，再加上在露天区段还要承受风、雾、雨、雪及大气污染的影响，使接触网昼夜不停地处在振动、摩擦、电弧、污染、伸缩的动态运行状态之中。这些因素对接触网各种线索、零件都产生恶劣影响，使其发生故障的概率较一般电力线路大得多。

（3）结构复杂，技术要求高

接触网的运行环境和运行特点决定了接触网的结构较一般电力线路有很大的不同。为了保证电动车组安全、可靠、良好地从接触网取流，接触网除了应具有良好的导电性能外，还需要具有良好的机械性能（如接触导线的高度、拉出值，定位器的坡度，接触网的弹性、均匀度等），导致接触网的结构比较复杂，技术要求也较高。

2. 对接触网的基本要求

接触网的工作状态主要是指接触线和电动车组受流器的接触导电状态。为保证良好的导电状态，受流器与接触线应保持一定的接触压力。

电动车组静止时，很容易做到接触压力保持不变。当电动车组运行时，受流器与接触网处于滑动摩擦的运动接触状态。电动车组的机械振动、接触网的高度变化等因素，造成受流器和接触网间的压力发生变化，有时甚至出现脱离现象，致使受流器和接触线之间产生电弧。如果接触线本身不平直或悬挂零件不合格造成接触线"硬点"，受流器碰到硬点时将发生"打弓"现象，产生拉弧，造成接触网和受电弓的机械损伤和烧伤，严重者会造成断线事故。另外，不良的取流状态会对电动车组上的电气设备造成冲击。为保证对电动车组的良好供电，接触网应满足如下技术要求：

①接触网的悬挂应弹性均匀、高度一致，在高速行车和恶劣的气象条件下，能保证正常取流。

②接触网结构应力求简单，并保证在施工和运营检修方面具有充分的可靠性和灵活性。

③接触网的寿命应尽量长，具有足够的耐磨性和抗腐蚀能力。

④接触网的建设应注意节约有色金属及其他贵重材料，以降低成本。

（二）接触网的类型

在牵引网中，接触网是最重要且最复杂的元件。接触网主要有架空接触网和接触轨两种形式。架空接触网又有柔性和刚性两种。接触轨根据授流方式的不同，分为上部授流接触轨、下部授流接触轨和侧部授流接触轨三种。

1. 柔性架空接触网

柔性架空接触网由接触悬挂、支持和定位装置、支柱组成。

接触悬挂是将电能传递给电动车辆的供电设备，由接触线、承力索、吊弦以及连接它们的零件组成。整个悬挂沿轨道走向布置成"之"字形，以实现列车受电弓摩擦接触面的均匀摩擦。

支持和定位装置是固定接触悬挂并将接触悬挂的机械载荷传递给支柱的设备。

支柱承受接触悬挂、支持和定位装置的机械载荷，并将接触悬挂固定在一定的高度。

2. 刚性架空接触网

由于柔性架空接触网需要较高的净空，为减少地铁隧道的土方工程量，在地铁隧道中更多的是使用刚性架空接触网。刚性架空接触网主要由接触悬挂、支持和定位装置、绝缘部件组成。

支持和定位装置通过绝缘子把接触悬挂固定在隧道顶或隧道壁上，并将接触悬挂的机械载荷传递给隧道顶或隧道壁。

接触悬挂由汇流排、接触线组成。整个悬挂沿轨道走向布置成"正弦波"的形状，以实现列车受电弓的均匀摩擦。

3. 接触轨

接触轨式接触网也叫第三轨，主要由钢铝复合轨、膨胀接头、端部弯头、绝缘支撑及防护罩等相关部件组成。

接触轨为高导电率金属材料制成的特殊断面的钢轨，敷设于列车走行轨道的侧面。为保证工作人员的安全，在接触轨通过的地方要设置安全防护，以防触电。

在所有车站，接触轨总是设在远离站台轨道的一边，以减小不慎跌落在轨道上导致的乘客触电概率。在露天线路地段，要沿线设置防护罩，以防止散落物引起电路短路。

（三）牵引网的运行方式

牵引变电所是沿城市轨道交通线路布置的，每一个牵引变电所有一定的供电范围。供电距离过长，会使末端电压过低及电能损耗过大；供电距离过短，又使变电所数目太多而不经济。每个牵引变电所的供电范围叫作供电区间。供电区间与牵引变电所的连接方式决定了牵引网的运行方式。

牵引网的运行方式有单边供电、双边供电和越区供电。

　　单边供电是指某一供电区段仅从一侧的牵引变电所取得电能的供电方式。

　　双边供电是指某一供电区段从其两侧的相邻牵引变电所取得电能的供电方式。单边和双边供电均为正常的供电方式。从降低电压损耗、减少功率损失、抑制杂散电流等方面考虑，双边供电均优于单边供电，所以双边供电成为首选的供电方式。

　　越区供电（大双边供电）是一种非正常供电方式（也称事故供电方式）。越区供电是当某一牵引变电所因故障不能正常供电时，故障变电所退出运行，经开关设备将两相邻的供电区间接通，由退出供电变电所的两个相邻牵引变电所进行供电的临时供电方式。

第六章 动力照明、综合接地与过电压保护系统

第一节 动力照明系统

一、降压变电所的设置

降压变电所将中压电能转换为低压电能，向车站、区间、车辆段（停车场）、控制中心所有低压用电负荷提供电源，是城市轨道交通运营安全、行车安全、防灾安全以及应急处理等动力照明供电的保障。降压变电所和牵引变电所同等重要。

（一）降压变电所的布点

需要设置降压变电所的场所有车站、区间、车辆段（停车场）、控制中心大楼等，其数量取决于低压用电负荷的分布与大小、车站规模与综合经济指标等。

降压变电所的位置应综合考虑以下因素：接近负荷中心；进出线方便；设备吊装与运输方便；不应设在有剧烈振动的场所；不宜设在多尘、水雾（如大型冷却塔）或有腐蚀性气体的场所，如无法远离时，不应设在污染源的下风侧；不应设在厕所、浴室或其他经常积水场所的正下方或邻近；不应设在爆炸危险场所内和不宜设在有火灾危险场所的正上方或正下方；降压变电所为独立建筑物时，不宜设在地势低洼和可能积水的场所；车站存在牵引变电所时，降压变电所应与牵引变电所合建。

1. 车站

地面或高架车站由于建筑规模较小，通风空调系统用电量大幅减少，用电负荷比地下车站小了许多，设置一座降压变电所即可满足低压用电负荷的需要。

地下车站的土建造价较高，设置降压变电所时，应充分注意到这一点。当地下车站长度不超过 200 m 时，可设置一座降压变电所。由于车站两端均设有配电室，照明末端配线距离相对较短，设两座降压变电所的优势得不到发挥。对于动力负荷，其中 70％以上是环控设备，每个地下车站在环控用房区均设有专为环控设备供电的环控电控室，这也替代了设两座变电所深入配电负荷中心的优势。

当地下车站建筑规模较大时，如车站长度为 230 m 或建筑面积达 10 000 m² 以上，且低压用电负荷分布较均匀，基于节省低压配电线路投资及能耗，可以考虑设置一座降压变电所和一座跟随式降压变电所。

2. 车辆段（停车场）

车辆段（停车场）占地规模大，设置了综合维修基地以及综合办公楼等，总的低压用电量比车站大，且用电负荷分散。

一般设置两座降压变电所，其中一座与车辆段牵引变电所合建，主要为办公区、信号楼等提供低压电源。另一座为跟随式降压变电所，为维修车间、停车库及邻近场所提供低压电源。如确实需要，也可以设置更多降压变电所，但应充分论证。

3. 控制中心大楼

在实际工程中，控制中心大楼除具有调度指挥功能外，一般具有办公功能，其中办公建筑面积还会占大部分。控制中心大厅及其设备区服务于线路、车站、车辆段、停车场等全部场所的运营与管理，在运营中具有非常重要的地位，它对电源安全性和可靠性要求很高。控制中心大厅及设备区的低压用电量并不大，但如考虑办公等其他功能需求，低压用电量将增大许多。

控制中心大楼设置一个降压变电所，可以满足低压用电负荷的需要。考虑到办公等功能的用电需要，配电变压器容量要适当增容。控制中心降压变电所不宜与正线降压变电所合建，目的在于充分保障控制中心供电的独立性、安全性和可靠性。

4. 区间

一般情况下，区间不设置降压变电所。隧道区间低压用电负荷主要为检修电源、照明、风机、排水泵。地面区间低压用电负荷只有检修电源和照明。这些低压用电负荷可以由邻近车站降压变电所直接供电。

个别地下区间安装了大容量风机，或长大区间安装了排水泵等，这种情况下经综合比选，可考虑设置区间跟随式降压变电所。

（二）降压变电所的选址

地上车站、地下车站以及区间均可以设置降压变电所，但往往受车站建筑规模和用地规划的制约。降压变电所的选址应结合具体条件和低压配电系统自身需求，选择合理的位置。在有牵引变电所的车站，降压变电所应与牵引变电所合建。

1. 正线

（1）地面（高架）车站降压变电所

降压变电所应与车站合建。地面/高架车站低压用电负荷分布均匀，可以设置在车站的任一端头。对于地面车站，设备机房一般设置在站台层，便于设备运输。对于高架车站，根据车站建筑功能布局，设备机房可设置在站台层或站厅层，应注意便于设备运输和电缆敷设。

（2）地下车站降压变电所

降压变电所应与车站合建。地下车站低压用电负荷分布均匀时，可以设置在车站的任一端头。设备机房一般设置在站台层，便于设备运输。

地下车站低压用电负荷分布非常不均匀时，降压变电所应设置在低压用电负荷较重的一端。

（3）地下区间降压变电所

安装了机械通风、排水泵等设备的长大区间，当由邻近车站降压变电所提供低压电源不经济时，可以设置跟随式降压变电所。

降压变电所可以傍建在区间风道外侧，有条件时也可以利用盾构竖井。

2. 车辆段（停车场）

车辆段（停车场）有停车列检库、月修库、运用库、架修库等维修车间及办公设施。牵引变电所一般靠近场区，离办公区较近，降压变电所可以和牵引变电所合建，为办公区、信号楼等提供低压电源。

其他降压变电所应靠近生产维修用电的负荷中心，并与车间附属用房合建。

3. 控制中心

降压变电所可设置在控制中心大楼地下一层或地上某一层，具体位置要有利于电缆敷设和设备运输。

二、降压变电所主接线与运行方式

降压变电所有独立式、跟随式和混合式三种类型。按构筑物形式不同，有与车站合建式、单建式、箱式三种类型。在满足各种用电负荷供电要求的情况下，同一个车站内，降压变电所与牵引变电所应合建。车辆段降压变电所应尽量与牵引变电所合建。

对于独立式和混合式降压变电所，采用分段单母线中压接线形式。两台配电变压器分别接在不同母线上，分列运行。降压变电所电源应有两个独立的引入电源。主接线的确定和动力照明配电系统、降压变电所本身运行的可靠性、灵活性和经济性密切相关，并且对动力照明配电系统设备选择、设备布置、继电保护配置和控制方式设置有较大影响。

低压主接线直接服务于低压用户。低压用户中存在大量的一、二级负荷，其中包含应急照明等特别重要负荷，所以低压主接线采用分段单母线（设母线分段断路器）形式。单台配电变压器容量应满足本降压变电所供电范围内一、二级负荷的用电要求。因近、远期低压用电负荷容量变化可能较大，应充分考虑系统的增容与扩展性。

（一）中压主接线与运行方式

降压变电所中压主接线形式与降压变电所的位置、中压网络构成形式、运行方式及服务对象有关。

降压变电所主接线由交流中压开关设备、配电变压器、交流低压开关设备等几部分组成。主接线应满足可靠性、灵活性和经济性的基本要求。

主接线的可靠性包括一次部分和相应二次部分的综合可靠性，其很大程度取决于设备的可靠性，采用可靠性高的电气设备可以简化接线。当开关故障或检修、单段母线故障或检修时，不应影响一级负荷的供电连续性。

主接线应在满足可靠性、先进性、灵活性要求的前提下，做到经济合理。

中压主接线一般为分段单母线，根据系统运行需要，可设或不设母线分段开关。跟随式降压变电所一般采用线路—变压器组接线。单台配电变压器正常负载率宜在70%左右，并应满足本降压变电所一、二级低压负荷的用电要求。

1. 中压主接线形式

（1）分段单母线接线（设母线分段开关）

降压变电所中压电源侧为分段单母线，设母线分段开关。母线分段开关可手动和自动操作。

中压部分包括中压开关、中压隔离手车、电压互感器、电流互感器和微机综合测控保护装置等主要设备。

中压开关：进线、联络、馈出以及分段开关可采用真空断路器，利于继电保护设置和提高运行方式的灵活性。进线、联络以及分段开关也可以采用负荷开关，应注意负荷开关的短时耐流能力不得小于开关下口的短路容量。存在的弊端是由于无法设置继电保护，对系统恢复送电的及时性有一定影响。馈出开关也可以采用负荷开关加配熔断器组合电器。

中压隔离手车：母线分段开关连接两段母线时，由于制造工艺的需要，隔离手车起母线转换作用。

电压互感器：主要为测量（计量）与联锁提供电压信号。

微机综合测控保护装置：集保护、控制、联锁、测量为一体的综合装置，配有与变电所综合自动化系统连接的通信接口，是变电所综合自动化系统的基础设备。

（2）分段单母线接线（不设母线分段开关）

降压变电所中压电源侧为分段单母线，不设母线分段开关。

中压部分包括中压开关、电压互感器、电流互感器和微机综合测控保护装置等主要设备。除无母线分段开关外，其余设备配置参见设置母线分段开关接线。

城轨供电系统的中压网络一般为单环网、双环网结构形式，也有采用放射式结构形式的，以保证降压变电所两个独立电源进线的要求。单台配电变压器容量应满足降压变电所全部一、二级用电负荷的用电要求，当只有单台配电变压器运行时，对车站、区间、控制中心以及车辆段、停车场的正常运营不应构成影响。母线分段开关在技术上没有设置的必要性，取消母线分段开关，可以节省供电系统投资，但中压网络运行方式略欠灵活。

此类主接线形式应用较为广泛。

（3）线路－变压器组接线

线路－变压器组接线是由带熔断器的负荷开关（或断路器）和配电变压器组成。

中压部分包括中压负荷开关、熔断器等主要设备。

①中压负荷开关：可以带负荷操作，但不能切除故障，应注意负荷开关的短时耐流能力不得小于开关下口的短路容量。

②熔断器：与负荷开关配合，切除故障。

2. 中压主接线运行方式

正常运行时，两个独立的进线电源同时供电，两台变压器分列运行，负载率应尽量接近。下面仅分析中压主接线在各种非正常情况下的运行方式：

（1）分段单母线接线（设母线分段开关）

分段单母线接线（设母线分段开关）如图6－1所示。

一个进线电源QF1（QF2）失电退出后运行方式一：根据低压负荷情况，自动或手动切除三级负荷，另一台配电变压器TM2（TM1）承担本降压变电所全部一、二级负荷的正常用电。

一个进线电源QF1（QF2）失电退出后运行方式二：分段开关QF5投入运行，由另一个进线电源QF2（QF1）向本降压变电所的两段母线供电。

当进线开关断电检修而不能影响两段母线运行时，可以采用短时间的合环运行方式。正常运行时，合环转换开关置于退出位。在合环工作状态时，合环转换开关置于合环选跳位，可以合环选跳开闭任一进线开关或者母线分段开关。

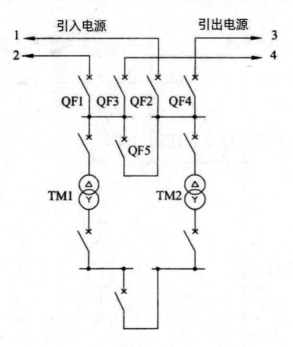

图 6－1　分段单母线接线示意图 （1）

　　两个进线电源 QF1、QF2 失电退出后，通过调度命令进行倒闸操作，由相邻变电所反向提供中压电源 QF3、QF4。采用这种方式时，倒闸操作需要一定的时间。在倒闸期间，本降压变电所暂时退出，对线路运营有短时间的影响。

　　当一段母线退出后，闭锁分段开关 QF5 的投入功能，分段开关不投入运行，另一段母线继续运行。根据低压负荷的使用情况，自动或手动切除三级负荷，另一段母线上的配电变压器承担本降压变电所全部一、二级负荷的正常用电。

　　当一台配电变压器 TM1 （TM2） 退出后，根据低压负荷情况，自动或手动切除三级负荷，另一台配电变压器 TM2 （TM1） 承担本降压变电所全部一、二级负荷的正常用电。

　　当两段母线或两台配电变压器同时退出后，本降压变电所退出运行。

　　（2）分段单母线接线 （不设母线分段开关）

　　分段单母线接线 （不设母线分段开关） 如图 6－2 所示。

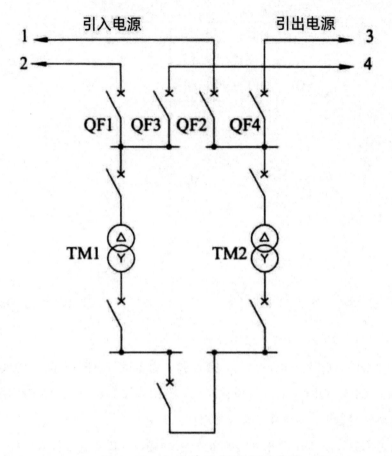

图6-2 分段单母线接线示意图（2）

一个进线电源QF1（QF2）失电退出后运行方式一：根据低压负荷情况，自动或手动切除三级负荷，另一台配电变压器TM2（TM1）承担本降压变电所全部一、二级负荷的正常用电。

一个进线电源QF1（QF2）失电退出后运行方式二：通过调度命令进行倒闸操作，由相邻变电所反向提供中压电源QF3（QF4）。采用这种方式时，倒闸操作需要一定时间。在倒闸期间，本降压变电所的全部一、二级负荷由另一段母线上的配电变压器承担。

当一段母线或配电变压器TM1（TM2）退出后，运行方式和设置母线分段开关的分段单母线接线相同。

两个进线电源QF1、QF2失电退出后，通过调度命令进行倒闸操作，由相邻变电所反向提供中压电源的QF3、QF4。采用这种方式时，倒闸操作需要一定时间。在倒闸期间，本降压变电所暂时退出，对线路运营有短时间的影响。

当两段母线或两台配电变压器同时退出后，本降压变电所退出运行。

（3）线路-变压器组接线

当一个进线电源失电或一台配电变压器退出后，根据低压负荷的使用情况，自动或手动切除三级负荷，本段的配电变压器容量满足本降压变电所全部一、二级负荷的正常用电需要。

当两进线电源或两台配电变压器同时退出后，本降压变电所退出运行。

（二）低压主接线与运行方式

1. 低压主接线形式

0.4 kV 配电系统直接面向车站、区间的低压用户，从用电设备负荷分类来讲，一、二级负荷占绝大多数，对低压电源的可靠性要求高。主变电所、电源开闭所、中压网络等输变电环节采取了一系列措施以提高供电系统的可靠性，在 0.4 kV 配电系统这一环节采用分段单母线接线，设母线分段开关。

两段低压母线上的负荷应尽量均衡分配，与配电变压器安装容量相匹配。

采用低压集中补偿，0.4 kV 低压母线设电力电容器组，电容器通过无功功率补偿控制器进行分组循环投切。

2. 低压主接线运行方式

正常运行时，两个独立的低压进线电源同时供电，两段母线分列运行。

当一个低压进线电源失压时，进线开关与母线分段开关可以采用"自投自复、自投手复、手投手复"等投入方式。

（1）自投自复运行方式

当一个低压进线电源失压延时跳闸时，母线分段开关自动投入，另一个低压进线电源向两段母线供电。该低压进线电源来电时，母线分段开关自动分闸，该低压进线开关自动合闸，恢复正常运行方式。该方式属于常用的一种运行方式。

（2）自投手复运行方式

当一个低压进线电源失压延时跳闸时，母线分段开关自动投入，另一个低压进线电源向两段母线供电。该低压进线电源来电时，母线分段开关手动分闸，该低压进线开关手动合闸，恢复正常运行方式。

（3）手投手复运行方式

当一个低压进线电源失压延时跳闸时，母线分段开关手动投入，另一个低压进线电源向两段母线供电。该低压进线电源来电时，母线分段开关手动分闸，该低压进线开关手动合闸，恢复正常运行方式。

（三）上下级开关保护的选择性

降压变电所 0.4 kV 低压开关柜的馈出开关和下一级开关是否考虑保护的选择性，取决于低压配电形式和低压负荷重要性。

1. 低压配电形式

低压配电常用形式：树干式配电、放射式配电与链式配电。

（1）树干式配电形式

在正常环境的场所内，当大部分用电设备为中小容量且无特殊要求时，可以采用树干式配电形式。

树干式配电形式的配电级数较多，某级发生故障时，可能会引起降压变电所 0.4 kV 低压开关柜馈出开关越级跳闸，从而影响了其他设备的正常用电，降低了配电系统的可靠性和安全性。

降压变电所 0.4 kV 低压开关柜馈出开关故障退出，导致低压负荷断电时，如果对运行安全构成一定危害或严重影响服务水平，则降压变电所 0.4 kV 低压开关柜馈出开关与下一级电源开关之间应具有保护选择性，上下级开关应采用断路器或负荷开关加熔断器等具有保护选择性的电气元件。上下级开关保护具有选择性，同时满足了迅速查找故障点、及时维修和恢复送电的管理要求。

否则，基于经济上的考虑，可不考虑上下级开关保护的选择性，以减少配电干线的截面，节省铜材，降低开关与配电线路的整体造价。

（2）放射式配电形式

当用电设备为大容量，或负荷性质重要，或在有特殊要求的场所内，可采用放射式配电形式。

放射式配电形式属于降压变电所 0.4 kV 低压开关柜馈出开关与下级电源开关之间一对一的电源关系，可以不考虑彼此之间的保护选择性。当发生越级跳闸时，发生的后果与避免越级跳闸是相同的，都面临用电设备退出、断电维修等问题。

当降压变电所 0.4 kV 低压开关柜馈出开关跳闸时，断开下一级电源开关后，合闸 0.4 kV 低压开关柜馈出开关。如果 0.4 kV 低压开关柜馈出开关再次跳闸，一般可以判断为故障点发生在 0.4 kV 低压开关柜馈出电缆上。如果 0.4 kV 低压开关柜馈出开关没有跳闸，故障点一定发生在下一级配电系统中。利用电力监控系统或低压电能管理系统，很容易实现远方判断故障功能。

（3）链式配电形式

对距降压变电所较远，而彼此相距很近、容量很小的次要用电设备，可采用链式配电形式。

链式配电形式的配电级数较多，某级发生故障时（末级除外），将影响其后面链接设备的正常用电。基于链式配电形式的应用范围，可不考虑上下级开关保护的选择性。

2. 传统的选择性方案

降压变电所 0.4 kV 低压开关柜馈出开关保护和下一级电源开关保护之间的选择性涉及动力照明配电系统的形式及运营管理要求等。实现上下级开关保护选择性的条件：上下级保护装置均具有保护选择性，且保护曲线基本吻合。上级开关保护定值一般为下级开关保护定值的 1~3 倍，准确的保护定值应根据具体选用的产品而定。

降压变电所 0.4 kV 低压开关柜馈出开关长延时脱扣电流应小于馈出电缆允许的持续电流，避免馈出电缆过负荷运行。电缆长期过负荷运行容易导致电缆加速老化，缩短使用寿命，严重时会因电缆外皮过热而造成电气火灾。此时，降压变电所 0.4 kV 低压开关柜馈出开关的额定电流已经不受下级低压负荷电流大小的制约，因与下级电源开关的级联关系，其额定电流已经提高，相应地必须加大馈出电缆的截面。所以，由于保护选择性的设置，将出现小负荷、大容量开关、大截面电缆的现象，造成资金严重浪费。

3. 新型的选择性方案

随着现代电器制造技术的发展，断路器的不断更新，保护选择性技术的不断改进，推出了各种保护选择性技术。

（1）逻辑选择性

上、下级开关之间设置逻辑联锁，当下级开关保护区发生故障，故障电流大于脱扣整定值时，给上级开关发出逻辑等待命令，使上级脱扣延时跳闸而下级开关立即脱扣跳闸，切除故障。当上级开关保护区内发生故障时，不会接收到等待命令，开关立即跳闸，迅速切除故障，保证了各级间保护的选择性。

（2）能量选择性

当故障电流均超过上、下级脱扣器的整定电流时，开关同时动作，但开关设了能反映短路电流能量的脱扣器，而且下级开关的额定电流小于上级断路器，启动下级开关脱扣器所需能量也小于上级开关。下级开关下口故障时，上、下级开关同时检测到故障电流，上级开关产生的能量使脱扣器动作所需时间大于下级开关，上级开关保持短时闭合，下级开关先行跳闸，上、下级开关的保护选择性得到了配合。

三、车站动力照明系统

动力照明配电系统设计应满足安全可靠、技术先进、经济合理、接线简单、操作灵活以及方便运营维护等要求。动力负荷和照明负荷应分开配电。动力照明配电应将单相负荷尽量均匀地分配到三相电源的各相上，使三相负荷趋于平衡。动力照明配电系统设置的各类插座回路均应设置人身保护的漏电保护开关。

（一）负荷等级划分和供电电源

动力照明等用电负荷分为一级、二级、三级负荷，细划分如下：

1. 一级负荷

一级负荷应由双电源双回路供电。当有一路电源发生故障时，另一路电源应保证对其正常供电，如站台、站厅公共区正常照明由变电所两段低压母线分别供电，各带约一半的照明负荷。一级负荷中特别重要负荷，除由双电源供电外，尚应增加应急电源。下列电源可作为应急电源：

①蓄电池。

②独立于正常电源的发电机组。

③独立于正常电源的专用供电线路。

2. 二级负荷

二级负荷宜由双电源单回路供电。变电所母线引一路电源至用电设备，电源在变电所母线处切换。供配电系统规范要求，宜由两回线供电，在负荷较小或地区供电条件困难时，可由一回 6 kV 及以上采用架空线路或电缆供电。

3. 三级负荷

三级负荷可由一路电源供电（通常取自 0.4 kV 三级负荷母线），必要时可自动或手动切除（当电源故障或变压器检修时）。

4. 电压偏差允许值

正常运行情况下，用电设备端电压偏差允许值（以额定电压的百分数表示）应符合下列条件：

①动力设备，正常情况：±5%。

②照明设备，一般情况：±5%。

③区间照明，5%～10%。

(二) 动力配电

按负荷分级原则进行配电,动力系统采用放射式的供电方式为主,部分容量较小、相对集中的、三级负荷也可采用树干式供电,变电所内的动力与车站的分开。重要负荷,如消防、通信等专用设备采用专用的供电回路,车站同一套冷水机组及辅助设备电源应接入同一段 0.4 kV 母线。其配电设备应设有明显标志,全线同类动力设备的控制箱(柜)接线设计应统一。

①车站站厅层环控负荷中心附近设置环控电控室,环控设备由环控电控室集中配电。

②冷水机组等单机负荷,虽属三级负荷,但因为容量特别大,通常直接由降压变电所的一、二级负荷母线供电,也可取自 0.4 kV 三级负荷母线,必要时自动/手动切除。

③环控电控室设备宜采用智能化低压配电装置。环控配电系统的一次主要元件应力求统一,二次控制应按通用图要求设计。

④降压变电所及车站动力照明 0.4 kV 低压断路器额定电流选择时,应以同一回路计算电流为依据,按计算电流的 $1.1 \sim 1.2$ 倍选择,适当考虑大容量低压断路器降容使用的因素。

⑤ 同一回路动力第一受电点(简称下级)低压断路器的额定电流整定值必须小于或等于降压变电所内 0.4 kV 出线(简称上级)回路低压断路器的额定电流整定值。

⑥同一回路上下级配电开关应选用低压断路器,并进行设计配合;下级配电回路若仅起隔离作用时,可选用负荷开关。

⑦若下级配电使用负荷开关(或熔断器),则其后一级的配电必须是能够与之相配合的低压断路器。

⑧在车站站台端部左右线洞口处应各设一个区间检修电源配电箱,便于进出隧道时控制检修电源的分合。

⑨区间动力配电以区间中心线为界,一般由相邻就近的车站降压变电所供电。如长距离隧道设有区间风井及风井降压变电所,可以考虑由就近的风井降压变电所供电。

⑩环控电控室内成排布置的低压柜,其长度超过 7 m 时,柜后的通道应设两个出口,并应布置在通道的两端。当两个出口之间的距离超过 15 m 时,应增加一个中间出口。

⑪成排布置的低压配电柜,其柜前柜后的通道最小宽度应不小于《低压配电设计规范》(GB50054—2011)中的规定。

⑫道岔附近、区间每隔 100 m 左右设一动力插座箱,供区间维修用电,容量为 15 kW。每路仅考虑一组使用,插座箱应设漏电开关保护,防护等级为:IP55。

⑬车站公共区应每隔 30 m 左右设置供清扫机械等使用的单相电源插座。

⑭位于区间风机、车站排热风机房内的配电控制箱及电线电缆应满足该处环境的特殊要求。

⑮在发生火灾时，应在变电所或动力配电箱按 FAS（防灾报警系统）要求切除与消防电源无关的馈线回路。

（三）照明配电

照明系统采用放射式和树干式相结合的供电方式，以树干式供电方式为主，站台、站厅公共区照明和变电所工作照明的一级负荷供电采用两段不同母线交叉供电方式。应急照明、疏散诱导照明正常供电时为双电源自动切换交流供电，当双电源失电后，由 EPS 交流供电，其容量必须满足 90 分钟供电需要。EPS 装置一般设在车站两端，其中一端设在变电所内。新线直流自用电系统的电池容量包含应急照明 EPS 的容量。变电所与车站应急照明分开设置，站台、站厅两端各设一照明配电室，作为照明配电和控制用。在配电柜、配电箱处留有适当数量的备用回路，一般为总回路的 25％预留。

①车站照明设计应选择节能型光源及高效灯具，合理选择照明方式和控制方式。照明标准应符合现行国家标准 GB/T 16275《城市轨道交通照明》的规定。

②车站照明包括站台站厅一般照明、设备房与管理房照明、标志照明、应急照明（备用照明、疏散照明）、出入口照明、广告照明、安全照明及区间照明等。

③变电所、配电室、站长室、车站控制室、消防泵房、环控电控室、通信机房、信号机房等发生火灾时需要继续工作的房间，备用照明照度应不低于正常照明照度值的 50％。

④车站公共区照明宜由站厅、站台二端照明配电室内的配电装置按照供电范围及照明种类要求分回路供电。

⑤站厅、站台、出入口、换乘通道、车站附属房间等照明配电回路应分别设置。车站导向照明由照明配电总箱的专用回路供电。

⑥以照明等单相负荷为主的低压配电线路，中性线截面不应小于电流最大一相导线的截面，同时应考虑谐波电流的影响。

⑦变电所电缆夹层、站台板下（高度低于 1.8 m）和折返线检查坑内的照明应采用 36 V 安全电压供电，采用防水、防潮的 36 V 灯。同时站台板下 36 V 照明配电箱设在配电室内。

⑧车站站台、站厅、楼梯、安全通道及通道转弯处应设置灯光安全疏散标志，布置间距不应大于 15m；袋形走道区，不大于 10m；走道转弯区，不大于 1m。

⑨车站站台端部上、下行线洞口处各设一个区间照明总配电箱，可就地控制和远程控制。

⑩渡线、岔线、折返线等地下区间隧道内应增设工作照明灯。

⑪正常情况下，车站公共区及区间的应急照明由变电所交流电源供电。在两路电源均失电的情况下，由降压变电所直流电源屏或车站蓄电池屏直接为应急照明提供电源。

⑫在车站各房间设有一定的单相安全插座，个别房间设三相插座。

⑬车站公共区照明光源应采用光效高、寿命长、显色性好的细管径、配用电子镇流器的新型节能灯。应急照明灯具宜选用交直流电源两用的 LED 防水型灯具。

⑭照明灯具采用一类灯具时，其灯具的外露可导电部分应可靠接地。

⑮在发生火灾时，照明配电箱按 FAS 要求切除与消防电源无关的馈线回路。

⑯照明的灯具及附件均应布置在车辆限界以外。

（四）动力照明的控制方式

1. 动力控制

①根据各专业工艺要求选择对动力设备的控制方式，可采用就地控制、距离控制和自动控制。同类环控设备的控制原理及接线应全线统一。

②自动控制应采用可编程控制器（PLC）完成。

③车站动力设备的启动要求应满足规范规定；当单机容量较大（≥55kW），启动时产生电压降影响其他供电负荷时，应采用软启动方式。

④区间动力设备以直接启动为主，直接启动的压降影响其他设备运行时，应采用软启动方式或其他补偿措施。

⑤车站内设有多台事故风机时，应考虑事故风机的错时启动。

⑥环控设备中回排风机、组合式空调箱及排热风机等应结合工艺要求采用变频控制。车站内电扶梯采用变频控制。

⑦车站冷水机组、冷冻水泵、冷却水泵及冷却塔等应结合工艺要求采用变流量智能控制技术进行控制。

⑧车站控制室或防灾报警室内应设置消防设备的直接启动装置。

⑨根据各专业工艺特点及控制要求，预留与 BAS（环境与设备监控系统）、FAS 系统的接口。

⑩低压配电柜至单、双电源动力配电箱之间采用电缆配电。动力配电箱至用电设备间采用绝缘导线配电（特殊情况除外）。低压配电柜采用上出线时，从柜顶部到电缆桥架部分应采用金属槽保护。

⑪车站站台、站厅公共区，在适当位置设置插座箱（公共区要加锁防护），容量不小

于 2 kW。车站管理及设备用房墙上设置至少两个单相两孔、三孔组合插座，插座回路电流不超过 16 A，其配电回路应设置漏电保护，电源可从房屋照明配电箱接引。

⑫站厅至站台的自动扶梯由动力照明专业设双电源切换电源箱，其余的自动扶梯设单电源箱。电源箱均应就近设置。

⑬垂直电梯由动力照明专业根据需要设双电源切换电源箱。电源箱位置应与土建专业配合，以土建专业所提供资料为准。

⑭消防泵、喷淋泵专用消防设备的控制线应引至车站综合控制室 IBP 屏，由 FAS 专业设手动直接控制装置，控制线芯数预留 25% 的备用芯。

⑮环控设备由环控电控室集中供电（特大负荷可直接由降压变电所直配），如需系统控制的排风机配电回路须设接触器和热元件一对一供电，无需系统控制的排风机配电回路不须设接触器和热元件。远离配电箱的设备按实际情况考虑设就地手操箱控制。

⑯车站配电控制应满足建筑物的防火分区划分要求，火灾时按防火分区切除非消防电源。配电箱进、出线断路器应设分立元件及辅助触点，并为 FAS 系统提供接线端子。

2. 照明控制

①在照明分支回路中不应采用三相低压断路器对三个单相分支回路进行控制和保护。

②地下车站公共区及区间隧道的应急照明应连续工作，不设就地控制。

③车站公共区照明以车站站厅或站台中心线为界，半个站厅或站台为一个控制单元。站厅层可做到 1/6～1 共分 6 挡灵活可控，站台层可做到 1/4～1 共分 4 挡灵活可控，且都要求做到照度均匀。

④车站出入口、高架车站站厅站台等照明，在有自然采光的区段应设单独照明回路且采用光控方式。

⑤为满足运营管理及节能要求，除照明配电室内开关分组集中控制外，宜采用智能照明控制系统对车站照明、区间照明进行多种模式的控制，并留有与 BAS 系统通信的接口。BAS 系统可对车站、区间照明系统进行模式选择控制。

⑥由低压配电柜至配电箱间采用电缆配线。室内照明由配电箱至灯具采用绝缘导线配线，室外照明由配电箱至灯具采用电缆配线。PE 线要配到灯具，照明线路严禁采用包布包扎。

⑦根据照明（使用功能）分类控制的需要，照明按种类分别设配电箱，照明分为一般照明、应急照明（疏散诱导照明及事故工况需继续工作场所的备用照明）、广告照明、泛光照明、广场照明、标志照明、安全照明等。兼有的照明功能应在说明中进行叙述。公共区一般照明控制可按设计照度的 100%、50%、10%（10% 为应急照明兼作值班照明）分

区分别控制，并能达到均匀照度。

⑧车站照明配电箱设于照明配电室，并按照明的供电范围及照明的种类要求分回路供电。公共区两路电源交叉供电，供电在照明配电室内集中设置，集中管理。根据车站功能及面积，一般馈出6~9个回路，尽量做到各回路、各相间负载平衡。每一单相分支回路的电流不宜超过16 A，所接光源数不宜超过25个。

⑨一般房屋设工作照明，重要设备机房及管理用房屋、站厅和站台公共区设应急照明。电缆夹层及电缆通道净高小于规范要求的地方，照明设安全照明，安全照明供电电压为36 V或24 V。

⑩公共区一般照明控制采用就地控制和在车站控制室经BAS系统控制。应急照明采用就地控制和FAS系统控制。需FAS、BAS监控的配电箱的进线要设置接触器，并配置接线端子。过街地道照明应增加PLC控制。

⑪车站配电控制应满足建筑物的防火分区划分要求，在火灾时切除非消防电源。照明配电箱进、出线断路器应设分立元件及辅助触点，并为FAS系统提供接线端子。

⑫车站综合控制室、消防泵房、配电室以及发生火灾时仍须坚持工作的房间的应急照明（兼值班照明），应保证足够照度。

⑬为方便乘客和工作人员在灾害情况下顺利疏散，出入口及通道必须设应急照明和疏散标志发光贴膜。在通道转弯处、太平门顶部及直线段不大于20 m处设疏散诱导灯，广告照明、诱导灯为LED型1×3 W。安全出口标志宜设在出口的顶部；疏散诱导灯宜设在疏散走道及其转角处距地面1 m的墙面上。走道疏散应急灯的间距不应大于20 m，灯具应满足《消防应急灯具》（GB 17945—2000）与《应急照明灯具安全要求》（GB 7000.2—1996）的要求。

⑭车站照明灯具应简洁实用、便于维修，并应与车站装修风格相协调。光源以荧光灯为主，白炽灯为辅。所有灯具均需单灯补偿，补偿后功率因数不小于0.9。应急照明采用节能型荧光灯。

⑮金属卤化物灯和超过100 W的白炽灯泡的吸顶灯、槽灯、嵌入式灯的引入线应采取保护措施。白炽灯、金属卤化物灯、高压钠灯、镇流器等不应直接设置在可燃装修材料或可燃构件上。

⑯站厅层两侧各设广告照明配电箱于照明配电室，每箱6回路预留，容量按30 kW计。站台层两侧各设广告照明配电箱于照明配电室，每箱6回路预留，容量按30 kW计。站台层广告照明管线过轨位置应及时与轨道专业配合。

⑰照明同类设备系统图及二次控制图应全线统一。

四、区间动力照明系统

（一）动力配电及控制

①区间动力设备配电设计以区间中心线为界，由相邻就近的车站降压变电所给车站左右各半个区间内动力负荷供电。区间动力电压偏差值为±5%。

②区间废水泵、雨水泵、防淹门和射流风机为一级负荷，由降压变电所两段母线各提供一路电源，末端自切。

③区间动力检修箱电源引自车站内端头（井）处区间动力检修总箱。各类区间动力设备配电箱、控制箱不得侵入设备限界。

④区间动力设备以直接启动为主，直接启动的压降影响其他设备运行时，应采取降压启动和其他补偿措施。

⑤区间每隔100 m左右处以及道岔附近设动力检修插座箱作为维修电源，容量为15 kW，只考虑一处使用，应设漏电保护。

⑥区间应杂散电流专业要求，区间线路两侧每隔250 m左右设杂散电流监测电源箱一处，电源由检修插座箱内引出，电源接自检修插座箱。如有通信专业要求，在区间的光纤直放站和区间中继器须设置电源，电源引至通信电源配电箱的上端头，并满足接地要求。

⑦区间涉及地下、地上、地面段，地形较为复杂，因此电缆支架安装形式不一，根据现场情况选择合适的安装方式，保证供电线路的畅通、安全、可靠。在进站、出站以及地形过渡的地区更应该注意。

⑧动力设备根据具体情况及控制要求采用就地控制或自动控制等方式。区间废水泵控制箱内应留有提供给BAS系统监控设备运行状态的干节点。

⑨区间废水泵房、雨水泵设就地、远程（BAS）和水位自动控制。

⑩区间射流风机设就地、远程（BAS）和水位自动控制。自动控制宜采用可编程控器PLC完成。

⑪各级断路器根据需要设瞬时速断（短延时速断）、过载长延时及接地保护。插座（箱）及移动式等用电设备设漏电保护。

（二）照明配电及控制

①区间隧道内照明以区间中心里程为界，分别由相邻就近车站的降压变电所供电，区间照明电压偏差值为+5%，-10%。照明配电采用树干式为主的方式。

②区间一般照明用电引自车站降压变电所，应急照明和疏散诱导照明引自车站EPS。

③区间一般照明和应急照明采用 AC 380/220 V 供电，疏散指示采用 36 V 安全电压供电。

④区间照明电源引自车站内端头（井）处区间照明配电总箱。

⑤区间应急照明（含疏散指向照明）电源引自车站内端头（井）处的区间应急照明配电总箱（中间风井除外）。

⑥地下区间每隔 100～150 m 设一个一般照明配电箱，为附近的工作照明供电；每隔 100～120 m 设一个应急照明配电箱，为附近的应急照明和疏散指向标志照明供电。配电箱应采用不锈钢材质，外壳防护等级 IP65。

⑦地下区间一般照明每隔 5 m 设一盏照明灯具，应急照明每隔 15 m 设一盏应急照明灯具，一般照明与应急照明灯具比例为 2：1。区间疏散指向（双向）标志照明灯具在列车运行方向左侧，每隔 15 m 设一盏。

⑧区间工作照明平均照度 5 LX，区间应急照明平均照度 3 LX。

⑨在车站与区间接口处设工作照明配电总箱进行控制。区间工作照明设有现场控制、BAS 联动控制（含车控室和 OCC 控制）。

⑩疏散指向（双向）标志照明由设在站台层照明配电室的应急照明配电总箱控制，有三种控制方式，现场控制、车控室 IBP 控制、防灾 FAS 系统控制。在火灾工况下通过送风方向、人工控制指示方向（也可以联动），动态调整疏散指向标志进行人员疏散，正常时光源不点亮。应急照明采用常明方式，不设开关。

⑪区间工作照明灯和应急照明灯采用荧光灯或 LED 灯光源，功率不宜超过 20 W，单灯功率因数不应低于 0.9。疏散指向标志灯采用 LED 光源，功率不宜超过 3 W，灯具防护等级 IP65。

⑫工作照明灯具布置在行车方向的左侧上方墙上，区间每隔 5 m 设一盏节能型灯具（满足照度要求，通常在 11 W）。灯具安装高度根据具体的车辆限界要求确定。

⑬区间在敞开段和进出洞口的部位应设置过渡照明。

⑭区间照明电缆与照明灯具的转接采用预分支线夹，减少了现场施工难度，但是图纸精确度需要提高，电缆供货商要现场实际测量。转接方式也有采用绝缘穿刺线夹的，分支线采用穿普利卡管保护。

⑮地面及高架区间宜采用与接触网支柱共杆设置照明灯具的方式。

五、应急照明电源

应急照明是在正常照明因故熄灭的情况下，供暂时继续工作、保障安全或人员疏散用的照明，包括疏散照明、备用照明等。疏散照明用于正常电源失电时，为乘客安全撤离出车站提供条件。另外当发生火灾时，保障乘客及管理人员安全撤离。变电所、通信和信号机房内的应急照明属于备用照明，用于在正常电源故障时，进行故障检修或灾害情况下维持机房设备继续运行。

应急照明的正常电源引自车站低压配电系统，备用电源可引自相邻车站的低压配电系统或采用蓄电池供电。采用蓄电池供电时，蓄电池的安装形式可分为分散式安装和集中式安装。分散式安装即应急照明灯具自带蓄电池；集中式安装即将蓄电池集中设置，构成应急照明电源系统，分别为各应急照明回路提供电源。

（一）应急照明电源的几种形式

1. 独立于正常电源的发电机组

提供交流应急电源，包括应急燃气轮机发电机组、应急柴油发电机组。快速自启动的发电机适用于允许中断供电时间为 30 s 以内的负荷。

发电机组由于其动力来源都是可燃性物质，并为了满足规定时间内的供电需要应储存一定的数量，而城市轨道交通车站规模相对于大型民用建筑工程要小得多，人员密集程度高，对城市轨道交通工程尤其是地下消防安全不利。快速自启动的发电机需要 30s 以内的时间，如果应用于应急照明电源，还要和其他电源系统配合使用。虽然国外城市轨道交通工程中有采用，但目前国内城市轨道交通工程尚没有采用发电机组用作应急电源的实例，也没有单独用作应急照明电源。

2. UPS（Uninterruptable Power Supply）

即不间断电源，保护意外断电数据丢失的一种备用电源设备，可以在交流电断开的情况下，保证短时间的工作。适用于允许中断供电时间为毫秒级的负荷，以蓄电池和逆变器作为备用电源。

UPS 一般用于精密仪器负载（如电脑、服务器等负载）等要求供电质量较高的场合，强调逆变切换时间短、输出电压及频率稳定性、输出波形的纯正、无各种干扰等。城市轨道交通工程控制调度相关系统和自动清分结算系统等采用计算机设备的重要系统，一般采用 UPS 不间断电源，而应急照明电源一般不采用 UPS 装置。

3. EPS（Emergency Power Supply）

即应急电源装置，提供交流应急电源，以蓄电池和逆变器作为备用电源，多用于允许中断供电时间为 0.25 s 以上的负荷。

EPS 装置多用于应急照明电源，也可用于消防用电设备，如应急照明灯、标志灯、消防电梯、消防水泵、防火卷帘、防火门、排烟风机等或其他供电质量相对要求不高的用电设备，强调能持续供电这一功能。但不可用于计算机、交换机、服务器等精密仪器负载，以免出现数据丢失的情况。

4. 带有自动投入装置而有效独立于正常电源的专用馈电回路

适用于允许供电中断时间 1.5 s 或 0.2 s 以上的负荷，可用于应急照明电源。目前北京地铁某些既有线路使用这种方式。

5. 蓄电池

适用于容量不大的特别重要负荷，并要求采用直流电源，如变电所直流操作电源。由于蓄电池直接接在直流母线上，交流电源正常时为浮充状态，因此由交流电源经高频开关装置供电转为蓄电池直接供电，没有转换时间。也可采用正常由高频开关供电，在有冲击负荷时由蓄电池放电。在直流操作电源屏的输出回路增设逆变器可用于提供应急照明电源。在应急照明灯具内也可直接设置蓄电池，作为备用电源。

按照现行国家标准《地下铁道照明标准》（GB/T 16275－1996）的要求，城市轨道交通工程应急照明由正常电源切换到应急电源的允许时间为不大于 5 s。

（二）应急照明电源方案

在城市轨道交通工程中，应急照明电源方案可能是一种形式，也可能是几种形式的组合。如地下车站的应急照明电源采用 EPS 应急电源系统，而在地面独立设置的变电所，其应急照明电源也可采用分散式安装的蓄电池。

1. 独立设置的变电所

对于主变电所及独立设置牵引变电所，其应急照明电源是独立考虑的，与城市轨道交通车站的应急照明电源没有联系。它有三种方案可供选择：

方案一：考虑到应急照明灯具数量不多，容量不大，可以采用分散设置于应急照明灯具的蓄电池作为应急电源。应急照明灯具采用三线制，当正常电源失电时，由灯具自带的蓄电池继续供电，供电时间不小于 60 min。应急照明灯具的交流电源引自变电所交流电源屏，馈出回路与正常照明分开，避免正常照明回路故障对应急照明供电造成影响。为保证应急照明灯具可靠工作，须对蓄电池进行维护。由于蓄电池分散布置，其维护工作量比蓄电池集中设置或采用 EPS 应急电源略大。

方案二：在变电所中设置较小容量的 EPS 应急电源，应急电源的交流电源引自变电所交流电源屏，为单独馈出回路。EPS 的馈出回路接至应急照明灯具。EPS 应急电源的供电时间不小于 60 min。此方案造价较高。

方案三：在变电所直流操作电源屏的馈出回路中加装逆变器，为应急照明提供交流电源。正常交流电源失电，由蓄电池放电后继续供电，供电时间不小于 60 min。这需要加大操作电源屏的高频开关电源及蓄电池的容量。

2. 车站内牵引变电所与降压变电所

由于变电所处于车站内，变电所与车站的应急照明电源应统一考虑。主要有以下三个方案：

方案一：在车站配电室设置 EPS 应急电源。应急电源的交流输入电源引自车站消防配电系统。EPS 引出若干回路为变电所应急照明提供电源，应急照明的供电时间不小于 60 min。

方案二：采用独立于正常电源的第三路电源作为应急电源。在变电所内设置应急照明电源柜，由变电所交流电源屏提供正常双路电源，应急的第三路电源由相邻车站引入，并向另一相邻车站提供备用电源。应急照明电源柜提供若干馈出回路分别引至变电所与车站应急照明设备。当本车站变电所双路低压电源失电，自动切换至应急电源后继续供电。本方案的优点在于应急电源的供电时间不受限制。

方案三：在变电所直流操作电源屏的馈出回路中加装逆变器，为应急照明提供交流电源。其他同独立设置的变电所中的方案三。

3. 车辆段、停车场内的牵引变电所与降压变电所

当降压变电所独立设置或与之合建的建筑物没有应急照明时，应急照明电源方案同独立设置的变电所。合建建筑物设置应急照明时，可有以下两个方案：

方案一：在建筑物内配电室设置 EPS 应急电源。应急电源的交流输入电源引自建筑物消防配电系统或照明配电系统独立馈出回路。EPS 引出若干回路为变电所应急照明提供电源，应急照明的供电时间不小于 60 min。

方案二：在变电所直流操作电源屏的馈出回路中加装逆变器，为应急照明提供交流电源。正常交流电源失电，由蓄电池放电后继续供电，供电时间不小于 60 min。

第二节　综合接地系统

一、接地与接地类型

（一）接地

接地问题的本质就是反映电气系统及设备与"地"之间的关系。因此，"不接地"也是接地的一种形式。在供电系统中，接地的范围很广，凡是电气系统及设备都涉及接地问题。其中"地"的概念包括大地，或指范围更加广泛、能用来代替大地的等效导体，比如轮船的金属外壳等。

在城市轨道交通工程中，关于地的概念也很多，有大地（Earth）、结构地（Tunnel Earth）、牵引系统地（Traction System Earth）等。其中牵引系统地即为直流牵引供电系统回流用的走行轨（The Running Rail）。

在供电系统接地论述中，接地一般指与变电所接地母排直接连接，或通过设备中的接地母排与变电所接地母排连接，而不是指与埋在大地内的接地极直接相连接。

（二）接地类型

按照供电系统电流制式和频率可划分为交流供电系统的工频接地、直流牵引供电系统的接地、雷电接地及过电压的冲击接地。按照供电系统电压等级可划分为高压系统的接地、中压系统的接地和低压系统的接地。目前，接地的分类多按其作用进行划分。

接地按其作用可分为两类，其一为功能性接地，这是为了系统正常运行的可靠性及异常情况下保障系统的稳定性而设置的，如工作接地、电磁兼容接地等。主变压器、配电变压器的中性点接地，电压互感器高压侧绕组末端接地就属于工作接地。其二为保护性接地，这是以人身和设备安全为目的的，如保护接地、防雷及过电压接地、防静电接地等。

工作接地是处理系统内电源端带电导体的接地问题，是为了保证供电系统的正常运行，防止系统振荡，保证继电保护的可靠性。如工作接地采用直接接地方式，可在系统发生接地故障时，产生较大的接地故障电流，使继电保护迅速动作，切除故障回路。

电磁兼容接地是为了保证器件、电路、设备或系统在其电磁环境中能够正常工作，且不对该电磁环境中的任何器件、电路、设备或系统构成不能承受的电磁干扰。

保护接地是为了防止电气设备绝缘损坏，或产生漏电时，使正常运行不带电的电气设备、外露可导电部分带电而导致电击危险。保护接地能够在设备绝缘破坏时，降低电气设备外露可导电部分对地的电压，从而降低人身接触该可导电部分对地的接触电压。保护接地还为接地故障电流提供了返回电源的通路，但只有系统接地为直接接地或小电阻接地时，才会形成较大的故障电流，保护装置快速动作切除故障回路。

防雷接地为雷电流提供导入大地的通路，防止或减轻建筑物、构筑物、电气设备等遭受雷电流的破坏，防止人身遭受雷击。防雷接地分直击雷接地和雷击感应过电压保护装置的接地。直击雷通过防雷装置进行防护，由接闪器、防雷引下线和接地极组成，直击雷的接地就是将接闪器引导的雷电流经过防雷引下线引至接地极。对雷电感应过电压应设置避雷器保护，避雷器安装在配电装置（如开关柜）内，避雷器一端与相线连接，另一端接地，当雷电感应过电压超过避雷器的放电值时，避雷器被击穿，从而保护电气设备绝缘不被损坏。

内部过电压设备的接地也是为系统运行产生的异常电磁能量提供向大地释放的通路，避免设备绝缘破坏。内部过电压保护设备也是避雷器或阻容吸收装置，一端接在相线上，另一端接地，当内部过电压超过避雷器的放电值时，避雷器被击穿，从而保护电气设备绝缘不被损坏。

各种接地是彼此关联的，需要共同起作用，完成系统或设备运行的要求。不应将系统性接地、保护性接地中的内容独立对待。

二、综合接地和等电位联结

（一）综合接地系统

综合接地系统是指供电系统和需要接地的其他设备系统的系统接地、保护接地、电磁兼容接地和防雷接地等采用共同的接地装置，并实施等电位联结措施。各类接地可以采用单独的接地线，但接地极和"等电位面"是共用的，不存在不同接地系统接地导体之间的耦合问题，也避免了采用不同接地导体时产生的电位不同问题。综合接地装置的接地电阻值按照接入设备的要求和人身安全防护的要求等方面综合确定，综合接地装置的接地电阻值必须不大于接入设备所要求的最小接地电阻值。

供电系统中，同时存在多个用于不同目的、不同用途的接地系统，这一点在接地分类中已进行了说明。在交流供电系统中任一电压等级都同时存在工作接地和保护接地的问题，如 110/35 kV 主变电所中存在 110 kV 设备的保护接地、35 kV 系统的工作接地、35 kV 设备的保护接地；车站 35/0.4 kV 降压变电所中存在 35 kV 设备的保护接地、0.4 kV 系统的工作接地和 0.4 kV 设备的保护接地等。

城市轨道交通工程中的通信等其他设备系统也要设置用于设备正常工作以及设备和人身安全的工作接地、防雷接地和保护接地。因此，一个车站内要求接地的系统和设备很多。从接地装置的要求上，可以共用接地装置，也可以分设，但分设接地装置时强电和弱电接地装置须相距 20 m 以上。在分开设置不同的接地装置时，若距离不能满足要求，将导致由于接地装置电位不同所带来的不安全因素，不同接地导体之间的耦合影响也难以避免，会引起相互干扰。因此，目前城市轨道交通工程多采用综合接地系统。

综合接地系统一般由共用接地极引出两个接地母排，即一个强电接地母排，一个弱电接地母排，分别用于供电系统和通信信号等弱电系统的各类接地。

（二）等电位联结

在电气装置间或某一空间内，将金属可导电部分包括电气装置外露可导电部分和电气装置外部可导电部分，以恰当的方式互相联结，使其电位相等或相近，此类连接称为等电位联结。

对设备和人身安全造成危害的电气问题，都不是因为电位的高或低引起的，人身遭受电击、电气火灾的发生和电子信息设备的损坏，主要原因是由电位差引起的放电造成的。消除或减少电位差，是消除此类电气灾害的有效措施。采用等电位联结可以有效消除或减小各部分之间的电位差，有效防止人身遭受电击、电气火灾等事故的发生。等电位联结是安全接地的重要内容，是间接接触防护的主要措施，它不是强调与地的联结，而是要求人身所能同时接触到的、电气系统正常运行不带电而异常时可能带电的设备外露可导电部分（金属外壳）和设备外部可导电部分相互之间的电气连接，从而避免或减小两者或多者之间的电位差，防止人身发生触电危险。

等电位联结可分为总等电位联结、辅助等电位联结和局部等电位联结等方式。

总等电位联结是将可导电部分包括总保护导体、总接地导体或总接地端子，建筑物内的金属管道（通风、空调、水管等）和可利用的建筑物金属部分进行连接，以降低车站、建筑物内间接接触电压和不同金属部件间的电位差，并消除自建筑物外经电气线路和各种金属管道引入危险故障电压的危害。

辅助等电位联结，是将可同时触及的两个或几个可导电部分，进行电气连通，使它们之间的故障接触电压小于接触电压安全限值。

局部等电位联结，是在某一个局部电气装置范围内，通过局部等电位联结板，将该范围内电气设备外露可导电部分和外部可导电部分等进行电气连通。使该局部范围内，故障接触电压小于接触电压安全限值。

当变电所中压设备发生漏电，将使共用接地极的电位升高，而且中压系统接地电流越大，接地装置的电位越高。当低压配电系统接地型式采用 TN 系统，高电位将随 PE 或 PEN 传导到低压配电设备，若没有等电位联结，可能存在人身安全问题。因此，在综合接地系统中，等电位联结是非常重要的。

低压配电系统内部发生接地故障，接地故障保护应在规定的时间内切除故障回路。当不能满足切除时间要求时，就要采用辅助等电位联结。

对于泵房等潮湿场所，要增加局部等电位联结，消除不同金属导体之间可能出现的接触电压。

三、交流供电系统的接地

城轨交流供电系统的电压等级一般有 110 kV、35 kV、10 kV 和 0.4 kV 等，其接地内容包括工作接地、电磁兼容接地等功能性接地和电气装置的接地、防雷接地、过电压设备接地等保护性接地。

系统的工作接地包括电源中性点、中性线、保护中性线、电流互感器、电压互感器、三工位负荷开关、接地开关等接地。电源中性点、中性线、保护中性线的接地是指主变压器、配电变压器中性点的接地方式，是与变电所接地母排直接连接关系。电流互感器、电压互感器、三工位负荷开关、接地开关等设备或电气元件均设在成套开关设备中，这些接地不直接与变电所接地母排单独连接，而先与开关设备中的接地排相连，通过设备的保护接地线与变电所接地母排相连。

电气装置的保护接地为各种电气装置外露可导电部分与变电所接地母排的电气连接；防雷接地指接闪器通过防雷引下线与大地的连接；过电压设备的接地就是为防止过电压击穿设备绝缘而设置的避雷器的接地。避雷器通常也设在开关设备内，因此避雷器的接地端与开关柜内的设备接地排相连接，通过开关设备的保护接地线与变电所接地母排连接，实现接地。

电磁兼容接地就是屏蔽层的接地，它具有两面性。所谓两面性就是针对不同的设备，它体现出的用途不唯一，有功能性接地的作用，也有保护性接地的作用。如对于继电保护装置金属外壳作为屏蔽层的接地就属于为设备正常运行而设置的功能性接地；但对于中压开关柜金属外壳的接地，虽然有减小对外电磁干扰的作用，但主要还是保护性接地。对于电缆屏蔽层的接地主要是减小对外电磁干扰的作用，保证设备正常运行，属于功能性接地。

对于不同电压等级的交流供电系统，其工作接地具有其特殊性，而保护性接地的要求和做法是基本相同的。

（一）工作接地

10 kV 及以上电压等级的工作接地方式是指系统电源中性点的接地方式，其选择是一个综合性问题，它与电压等级、单相接地短路电流、过电压水平、继电保护配置等有关，直接影响系统的绝缘水平、系统供电的可靠性和连续性。因此，应根据供电可靠性要求、电网和线路的结构、过电压与绝缘配合、继电保护技术要求、人身及设备安全、对通信及电子设备的电磁干扰等进行技术及经济分析，综合考虑各种因素后确定工作接地方式。

工作接地方式分为两类：其一，电源中性点非直接接地方式，包括中性点不接地、中性点经消弧线圈接地和中性点经高电阻接地，由于发生单相对地短路时，接地电流较小，也称为小电流接地方式；其二，电源中性点直接接地或经小电阻接地方式，也称为大电流接地方式。

1. 电源中性点不接地

中性点不接地方式发生单相接地时允许带故障运行两小时，供电连续性好，接地相故障电流为线路及设备的电容电流，但同时非接地相的相电压升高为原来的 1.732 倍，过电压水平要求高，线路及设备要求有较高的工频绝缘水平。系统标称电压越高，此种接地方式对电气设备投资的影响越大，不宜用于 110 kV 以上电压等级。

在 10～66 kV 电压等级可以采用中性点不接地方式，但电容电流不能超过允许值，否则接地电弧不易自熄，易产生较高弧光间歇接地过电压。

当 35 kV、66 kV 系统的接地电容电流不超过 10 A 时，可以采用中性点不接地方式；10 kV 电缆线路构成的系统接地电容电流不超过 30 A 时，可以采用中性点不接地方式。当 10 kV 为架空线路时，电容电流分别为 10 A 或 20 A，前者使用钢筋混凝土与金属杆塔，后者采用非钢筋混凝土与非金属杆塔。

2. 中性点经消弧线圈或高电阻接地

当接地电容电流超过不接地方式允许值时，可采用消弧线圈补偿电容电流，使接地电弧瞬间熄灭，以消除弧光间歇接地过电压。也可采用中性点经高电阻接地，此方式与经消弧线圈的接地方式相比，加速泄放回路中的残余电荷，促使接地电弧自熄，从而降低弧光间歇过电压，同时可提供一定的电流和零序电压，实现接地保护动作。高电阻接地一般多用于大型发电机中性点。

采用不接地还是消弧线圈等接地方式，与接地电容电流有关。而接地电容电流的大小与供电线路采用架空还是电缆线路相关。

3. 中性点直接接地或小电阻接地

中性点直接接地或小电阻接地方式的单相接地短路电流很大，故障设备或线路须立即切除，降低了供电连续性。但由于过电压较低，设备和线路的绝缘水平可以选择低一些，减少了设备造价，特别是在交流高压系统，经济效益会比较明显。110 kV 及以上电压等级多采用直接接地或小电阻接地。

交流高压系统的接地方式由当地城市电力部门确定。由于城轨交流中压系统均采用电缆，若仍采用消弧线圈接地，消弧线圈的容量需要较大。目前，交流中压系统的接地方式既有消弧线圈接地，也有小电阻接地方式。

低压系统的工作接地，分为中性点直接接地和不接地两种方式。在具体方式上，我国等效采用国际电工委员会（IEO）标准，将工作接地和低压电气设备接地进行组合，形成了 TN、TT、IT 三种接地型式。

TN、TT、IT 中的第一个字母表示电源端与地的关系：

T——电源端有一点直接接地，即中性点直接接地。

I——电源端所有带电部分不接地或有一点通过阻抗接地，即中性点不接地。

TN、TT、IT 中的第二个字母表示电气装置的外露可导电部分与地的关系：

T——电气装置的外露可导电部分直接接地，此接地点在电气上独立于电源端的接地点。

N——电气装置的外露可导电部分与电源接地点有直接电气连接。

下面对由 TN、TT、IT 接地方式构成的低压配电系统分别进行介绍：

（1）TN 系统

电源端有一点直接接地，电气装置的外露可导电部分通过中性导体或保护导体连接到此接地点。根据中性导体和保护导体的组合情况，TN 系统有以下三种方式：

TN－S 系统：整个系统的中性导体和保护导体是分开的。

TN－C 系统：整个系统的中性导体和保护导体是合一的。

TN－C－S 系统：系统中一部分线路的中性导体和保护导体是合一的。

（2）TT 系统

电源端有一点直接接地，电气装置的外露可导电部分直接接地，此接地点在电气上独立于电源端的接地点。

（3）IT 系统

电源端的带电部分不接地或有一点通过高阻抗接地，电气装置的外露可导电部分直接接地。

（4）各接地方式的特点

TN－C 系统，PE 线和 N 线合用，PEN 线兼有两者的作用，节省了 PE 线；PEN 线在引入建筑物时，要进行重复接地，可减小建筑物内低压系统接地故障时的接触电压；正常情况下 PEN 线通过电流，产生电压，使设备外露可导电部分对地有电压；当中压系统发生接地故障时，PEN 线将传导故障电压；若接地故障电流较大，过电流保护在满足切断时间要求时，可兼做接地故障保护。

TN－S 系统，PE 线与 N 线分开设置，正常情况下 PE 线不流过电流，电气设备外露可导电部分不带对地电压，但比 TN－C 系统多了 PE 线；PE 线在引入建筑物时，可进行重复接地，可减小建筑物内低压系统接地故障时的接触电压；当中压系统发生接地故障时，PE 线将传导故障电压；若接地故障电流较大，过电流保护在满足切断时间要求时，可兼做接地故障保护：TT 系统电源接地点与设备接地点没有电气联系，电气设备外露可导电部分有独立的接地，不会传导系统故障电压；由于配电系统有两个独立接地体，发生接地故障时接地故障电流较小，不能采用过电流保护兼做接地故障保护，而须采用剩余电流保护器；因采用剩余电流保护器保护线路，双电源转换时要采用四极开关。

IT 系统（不引出中性线）电源中性点不接地，当电气设备发生第一次接地故障时，接地故障电流仅为非故障相对地的电容电流，其值很小，电气设备外露可导电部分对地电压不超过 50 V，不需要立即切断故障回路，保证供电的连续性；但此时，非故障相的对地电压升高 $\sqrt{3}$ 倍；由于 IT 系统没有引出中性线，为单相 380 V 配电。220 V 负荷须配降压变压器，或由系统外部电源专供。要安装绝缘监察设备，当发生接地故障时，进行警示。

城市轨道交通工程车站低压配电系统的接地方式一般采用 TN－S 系统。在车辆段、停车场可采用 TN－C－S 或 TN－S 系统，也可根据工程实际情况，同时采用局部 TT 系统。

（二）保护接地

交流设备的保护接地就是处理电气装置或电气设备的外露可导电部分，即金属外壳与地的关系。无论系统接地采用什么方式，交流系统电气装置的外露可导电部分均要接地。实施保护接地可以降低预期接触电压，提供接地故障电流回路，为过电压保护装置接地提供条件，实施等电位联结。

对于变电所内的电气设备，接地做法为外露可导电部分直接通过接地线与接地母排进行电气连接。

交流电气设备的接地范围：

①主变压器、牵引变压器、配电变压器的底座和外壳。

②交流高压封闭式组合电器（GIS）和箱式变电所的金属箱体。

③中压、低压开关设备的金属外壳。

④交直流电源屏的金属外壳。

⑤电气用各类金属构架、支架。

⑥电缆桥架和金属线槽。

⑦电力电缆、控制电缆穿线金属管。

⑧电力电缆、控制电缆的金属护套和外铠装等。

四、直流牵引供电系统的接地

城市轨道交通工程的牵引供电制式多采用直流 750 V 或直流 1 500 V，直流牵引供电系统主要设备有牵引整流器、直流开关设备、上网开关设备、钢轨电位限制装置、接触网和回流轨等。

（一）系统接地方式

城轨直流牵引供电系统的负极相当于交流系统的中性点，直流牵引供电的工作接地就是负极对地关系问题。为减小直流杂散电流对金属结构的腐蚀，直流牵引供电的工作接地采用不接地系统，即正常情况下系统设备的所有正极和负极均与地绝缘。这里的"地"包括大地，也包括结构地。

采用走行轨回流，在直流大双边越区供电情况下，走行轨对地电位将高于正常双边供电，有时会超过允许值。另外，在运行过程中，走行轨也可能出现不明原因的电位升高。此时，为保护乘客及运行人员的安全，可通过钢轨电位限制装置将走行轨与地进行短时电气连接，以钳制走行轨对地电位。

走行轨对电位超过允许限值时，为避免乘客上下车受到跨步电压的影响，钢轨电位限制装置本应将走行轨与结构地短时连接，但考虑到杂散电流问题，目前做法是将走行轨与电位同结构地基本相当的外引接地装置短时连接。

（二）牵引变电所内直流牵引供电设备的接地

牵引整流器、直流开关设备（包括直流进线柜、直流馈线柜、负母线柜、钢轨电位限制装置等），都安装于牵引变电所内，其外露可导电部分即金属外壳不与地直接电气连接，而是通过直流框架泄漏保护装置与地形成单点电气连接。

金属外壳与基础槽钢之间设有硬质绝缘板，设备固定采用绝缘安装方法。当系统标称电压为 750 V 时，绝缘电阻一般不小于 50 kΩ；当标称电压为 1 500 V 时，绝缘电阻一般不小于 100 kΩ。设备金属外壳之间采用电缆实现电气连接，一般在负母线柜接地端子单点通过电缆与直流框架泄漏保护装置连接后，接至变电所接地母排，实现变电所内直流牵引供电设备单点接地。

（三）区间直流上网开关设备的接地

区间直流上网开关包括区间检修线隔离开关设备的接地，可以有以下四种方式：

①当上网开关设备设在站台的独立设备房间或牵引变电所内时，纳入直流开关柜的框架泄漏保护中，在发生设备外壳漏电时框架保护联跳直流馈出断路器。上网开关设备安装要求与牵引变电所内直流牵引供电设备相同，金属外壳与基础槽钢之间设置硬质绝缘板。这种方式须增加接地电缆。

②采用非金属绝缘外壳。当柜内发生直流漏电时，设备外壳不会带直流异常电位，也没有杂散电流泄漏问题。这种方式设备投资较高。

③设备金属外壳与基础槽钢之间设置硬质绝缘板，设备外壳与附近走行轨电气连接，发生直流泄漏时会产生系统正负短路，直流馈线保护动作并切除故障。这种方式要求设备操作维护只能在直流停电后进行，应用受限。

④设备金属外壳直接与附近结构钢筋电气连接，相当于交流低压 IT 系统的接地方式。这种方式须保证并保持正极对外壳的绝缘，使正常泄漏的直流电流不能对结构钢筋产生腐蚀，并须在正极碰壳时能迅速切除故障或进行报警。

（四）车辆段、停车场直流上网开关等设备的接地

车辆段、停车场范围大，直流上网开关设备与检修设备的数量多、分布广，内部金属管线较多。直流上网开关等设备的接地问题可通过柜内设置绝缘护板、绝缘电缆支架或采用非金属绝缘外壳等措施解决。

五、接地装置及接地电阻要求

接地装置是完成系统、设备接地功能的材料和设备的总称，包括接地母排、接地线和接地极等，表征接地装置的重要参数之一是接地电阻。接地装置的接地电阻值应始终满足各接地系统接地电阻最小值的要求，接地装置的各个组成部分应有足够的截面，满足在接地故障条件下的动热稳定。接地装置的材质和规格在其所处环境内应具备抗机械损伤、腐蚀和其他有害影响的能力。

接地母排为汇集各系统、设备接地线并与接地极电气连接的金属导体，接地母排多采用铜材，以减小接触电阻。接地极即为埋设在大地中的金属导体，当水平埋设时称为水平接地极，垂直埋设时称为垂直接地极。若接地极为一组水平埋设、相互连接的导体网格称为水平接地网，若接地极为水平接地网和垂直接地极构成称为复合接地网。可以利用车站结构钢筋等作为自然接地极，若接地电阻不能满足要求，还应敷设人工接地极，并能分别测量其接地电阻值。为减少土壤对接地极的腐蚀，延长接地极的使用寿命，接地极多采用铜材，由接地极或接地网引至接地母排的接地线与接地极材质相同。变电所内设备接地线多采用镀锌扁钢。当接地系统中相互连接的接地线等采用不同材质时，要考虑不同金属间的腐蚀问题。

接地电阻分为工频接地电阻和冲击接地电阻，冲击接地电阻应用于防雷和过电压接地。接地电阻的大小与接地极埋设方式（水平、垂直等）、埋设位置的土壤电阻率以及接地极的几何形状等因素相关，而与材质无关。

在系统正常情况下，没有电流通过接地极向地中流散，接地极的电位是其在土壤中的极化电位。当系统发生故障或受到雷击时，故障电流或雷电流经过接地极向地中流散，由于接地电阻的存在，将使接地极电位升高，此电位引入系统内部即产生人身接触电压问题，同时在地表也会产生电位梯度，由此带来人身跨步电压的问题。为此，在接地设计中要对接触电压、跨步电压进行计算，并采取必要措施，以避免对人身产生伤害。

（一）变电所的接地装置

变电所的接地极设置要综合考虑防雷接地、系统接地和保护接地的需要。为了均衡变电所地面的电位分布，降低对人身可能造成伤害的接触电压和跨步电压，变电所应采用以水平接地极为主，外缘闭合的复合接地网，垂直接地体设置在防雷引下线附近，并根据需要可在接地网中敷设若干水平导体作为均压带。

复合接地网的工频接地电阻与接地网面积的平方根成反比。在土壤电阻率相同的情况下，接地网的尺寸一经确定，其接地电阻就基本确定，在接地网内增加导体对减小接地电阻的作用不大，这是由于内部导体被四周的导体所屏蔽，电流绝大部分都是由接地网边缘导体流出的缘故。在接地网内增加水平导体是为了减小跨步电压作用的均压带。当接地网敷设于钢筋混凝土结构底板下方，由于结构钢筋的均衡电位作用，可不再设置水平均压带。

在工频时，接地电阻之所以和接地网面积的平方根成反比，是因为在工频电流作用下，接地网的电位分布均匀，全部地网导体都起到散流作用。

雷电冲击电流的等值频率很高，接地体自身的电感阻碍电流向远处流动，结果使得接地体得不到充分利用。在冲击电流的作用下，由于接地体本身的电感作用，地网导体上的电位分布很不均匀，离冲击电流注入点愈远的地方，接地体上的电位就愈低，甚至电位为零，其变化规律按指数衰减。因此，接地极在冲击电流作用下，只有电流注入附近一小块范围内的导体起散流作用。不论水平接地网有多大，在冲击电流作用下其散流的有效面积却是一定的，有效面积之外部导体上的冲击电压几乎接近于0。

（二）接地电阻

接地电阻允许值与系统接地方式以及高、中压和低压是否共用接地装置有关。无论主变电所还是其他变电所涉及低压设备的接地问题，各电压等级的接地都是同一个接地装置。

1. 电源系统中性点非直接接地

接地装置的接地电阻计算公式如下

$$R = \frac{120}{I} \tag{6-1}$$

式中：R——考虑到季节变化的最大接地电阻，Ω；

I——计算用的接地故障电流，A。

接地电阻不应大于 4Ω。

2. 电源中性点直接接地或小电阻接地

接地装置的接地电阻计算公式如下

$$R = \frac{2\,000}{I} \tag{6-2}$$

式中：R——考虑到季节变化的最大接地电阻，Ω；

I——计算用的接地故障电流，A。

由于在电源中性点接地情况下，接地故障电流较大，对地电位有较大的抬升；若低压配电系统采用 TN 接地方式，低压配电设备外壳将有较高的异常电位，应采取总等电位联结措施，消除对人身的伤害。

第三节　过电压保护系统

一、过电压类型

由于雷击或电力系统中的操作、事故等原因，使某些电气设备和线路上承受的电压大大超过正常运行电压，使设备或线路的绝缘遭受破坏。电力系统中这种危及绝缘的电压升高称为过电压。

过电压按引起的原因不同分为大气过电压和内部过电压。由雷电引起的过电压叫作大气过电压；电力系统中内部操作或故障引起的过电压叫作内部过电压。大气过电压分为直击雷过电压和感应雷过电压；内部过电压分为工频过电压、操作过电压和谐振过电压。

（一）雷电过电压

雷电引起的过电压叫作雷电过电压。雷电过电压分为直击雷过电压和感应雷过电压。

直击雷过电压是指雷电直接对电气设备或线路放电，可引起电气设备或线路损毁。感应雷过电压是指雷电虽然没有直接击中电气设备或线路，但是由于大气中的雷云电荷作用，在电力系统的架空线路上感应出异种电荷。当雷云对地面或其他物体放电时，雷云电荷迅速流入地中，架空电力线路上的感应电荷由于失去雷云电荷对它的束缚，而向两侧迅速流动。迅速流动的感应电荷形成雷电进行波，对电气设备的绝缘构成威胁，称为雷电侵入波，也就是所谓的感应雷过电压。架空电力线路和输变电设备附近发生打雷时，强大的雷电流通过电磁感应在电力线路和电气设备上也感应产生一个很高的电压，形成过电压，使电力线路和电气设备击穿损坏。这种过电压也称为雷电感应过电压，或简称感应雷。

防止直击雷的措施是采用独立避雷针或避雷线；防止感应雷的措施是安装避雷器或保护间隙。

为了防止感应雷过电压，也就是雷电侵入波对变电所电气设备绝缘造成击穿损坏，应采取措施减少附近区域的雷击闪络，以避免出现过分强烈的感应雷过电压；同时，要合理配置避雷器，使雷电侵入波通过避雷器对地放电，将能量释放掉，这样就不致对电气设备的绝缘造成严重威胁。因此，对雷电侵入波的过电压保护主要措施有：变电所进线段和变电所母线装设避雷器、主变压器中性点装设避雷器、与架空线路直接连接的电力电缆终端头处装设避雷器等。

（二）内部过电压

电气设备和电力线路在运行中有时要改变运行方式，如停送电操作、系统短路跳闸、断线接地等都会引起电力系统运行状态的局部变化，系统将从一种状态变为另一种状态（电力系统称为过渡过程或暂态过程）。在这一过渡过程中会引起电场能量和磁场能量的转换而可能出现很高的电压，形成过电压，这种过电压称为内部过电压。

产生内部过电压的原因很多，所引起的过电压大小也不同，有时几种因素交叉重叠一起，引起的过电压数值很高。一般认为，对地内部过电压可达相电压的 3~4 倍，相间内部过电压则为对地内部过电压的 1.3~1.4 倍。根据现场运行经验，有时内部过电压高达相间电压的 5~6 倍。一般来说，对于中性点直接接地的低压系统内部过电压数值不会很高，很少由于内部过电压引起事故。而对于中性点不接地的中、高压系统，内部过电压就较为危险，由于内部过电压引起的设备事故较为常见。

为了防止内部过电压造成事故，也可以采用避雷器，但有时效果并不令人满意。有的内部过电压，如铁磁谐振分频过电压，会使避雷器接二连三爆炸；也有的内部过电压造成电气设备绝缘击穿，而与电气设备并联接线的避雷器一点也不起作用。因此，为了防止内部过电压造成事故，应该分析引起内部过电压的原因，从根本上采取措施防止内部过电压的出现，或者限制内部过电压的幅值和陡度，以保证电力系统的安全运行。

1. 工频过电压

工频过电压包括工频稳态过电压和工频暂态过电压。

（1）工频稳态过电压

工频稳态过电压主要是指空载长线路末端的电压升高，在三相中性点不接地系统中发生单相接地时，其他两相对地电压的升高。

工频稳态过电压对系统中电气设备的正常绝缘一般无多大危害，因此不需要采取特殊措施来加以限制。但是工频稳态过电压对避雷器的工作状态有重要影响，而且又常常是其他过电压的基值，因此对它也不能忽视。

（2）工频暂态过电压

工频暂态过电压是指当系统内突然跳闸，甩掉大量负荷后，在发电机组的调速器及调压器来不及起作用的短暂瞬间内，发电机的转速上升而引起的电压升高。暂态过电压时间很短，数值也不大，一般不需要采取特殊限制措施。

2．操作过电压

操作过电压包括分、合空载长线路引起的过电压，投、退空载变压器引起的过电压以及中性点不接地系统中单相弧光接地过电压。

（1）分、合空载长线路引起的过电压

分空载长线路产生过电压是由于开关灭弧能力不强、触头具有重燃现象的结果。退出空载长线路如同退出电容器一样，在开关触头电流经过零值时，电弧瞬间熄火。但由于这时电压不为零，因此线路上有残留电荷，在电荷没有泄漏前，仍保持着原有电压，这时电源电压波形仍按正弦规律变化。当断路器断口间的电位差越来越大时，断口间绝缘被击穿，电弧重燃，电源电压又向线路充电，引起线路上的电压振荡，造成过电压。根据分析，断路器断口间的电弧重燃次数越多，过电压数值也越高。

当合空载长线路时，线路电压从零值变化到电源侧电压值，也经过一个振荡过程，出现过电压。如果线路上有残留电荷时合闸，例如断路器跳闸后又重合闸，这时的过电压与切空载线路时电弧重燃引起的过电压相似。

（2）投、退空载变压器引起的过电压

在退出空载变压器时，由于励磁电流很小，断路器的灭弧能力又很强，因此在电流自然过零之前就可能被强行切断。在此截流的瞬间，变压器线圈上的磁场能量可能以振荡形式转换给线圈匝间或对地的小电容，引起线圈匝间或对地过电压。

投入空载变压器时也可能引起过电压，特别是如果三相非同期合闸时，变压器对地电容和匝间纵向电容与变压器电感产生振荡，过电压倍数可能很高。

（3）单相弧光接地过电压

对于中性点不接地系统，如果线路较多，对地电容电流较大，则当发生单相接地时，接地电流较大，接地电弧不容易熄灭。常常是电弧熄灭后又重燃，形成间隙性电弧，引起故障相和其余健全相的电感电容回路上产生高频振荡过电压。其过电压数值一般可达相电压的 3～3.5 倍，在最不利情况下，甚至可高达相电压的 7.5 倍。

3. 谐振过电压

由电感和电容元件串联，当感抗与容抗接近相等时，即构成串联谐振电路。当电路发生串联谐振时，电感或电容上的电压将远大于电源电压，形成过电压。根据谐振时的不同特点，谐振过电压可分为线性谐振过电压、铁磁谐振过电压和参数谐振过电压。

（1）线性谐振过电压

线性谐振过电压的特点是谐振串联电路的电容、电感都为恒定常数。在串联谐振回路内，如果电源中某次谐波的频率正好与电路的振荡频率相同，则发生串联谐振。如果电路中的电阻为零，则串联谐振时电流为无穷大，电感、电容上的电压也为无穷大。实际上电路中总是存在电阻，因此，线性谐振过电压对额定电压的倍数 K 的计算公式如下

$$K = \frac{\omega L}{R} = \frac{1}{R \omega C} \tag{6-3}$$

式中：K——谐振过电压倍数；

ω——角频率，Hz；

L——线路电感，H；

R——线路电阻，Ω；

C——线路电容，F。

（2）铁磁谐振过电压

铁磁谐振过电压的特点是电路中的电感带有铁心，由于铁心电感的感抗随电源电压的变化而变化，不是一个常数。在正常运行条件下，电感、电容串联回路中感抗大于容抗，由于出现某种因素导致电感两端电压有所升高，使铁心饱和，感抗减小，当感抗变得小于容抗时，电路相位从感性变为容性，形成相位翻转。这时回路中的电流突然升高，电容、电感上的压降也突然升高，形成过电压，这种过电压称为铁磁谐振过电压。

（3）参数谐振过电压

参数谐振过电压是指水轮发电机的同步电抗在直轴电抗与交轴电抗之间周期性地变动，或者水轮发电机、汽轮发电机的定子磁通发生变动引起电抗周期性变动。这时如果外电路的容抗与发电机的同步电抗正好相等，就会出现电流、电压谐振现象，使发电机端子电压和电流急剧上升，不仅影响设备绝缘，而且影响发电机并网。这种现象称为参数谐振过电压。

二、电气设备的绝缘配合

　　绝缘配合就是根据系统中可能出现的各种电压和保护装置的特性，来确定设备的绝缘水平；或者根据已有的设备绝缘水平，选择适当的保护装置，以便把作用在设备上的各种电压所引起的设备损坏和影响连续运行的概率降低到经济上和技术上能接受的水平。也就是说，绝缘配合要正确处理各种电压、各种限压装置和设备绝缘耐受能力三者之间的配合关系，全面考虑设备造价、维修费用以及故障损失三个方面，力求较高的经济效益。

　　①110 kV 及以下电气装置一般由雷电过电压决定绝缘水平。变电所电气设备的雷电冲击强度与避雷器雷电保护水平进行配合。根据国内情况，对雷电过电压的配合系数取不小于 1.4，以电气设备的额定雷电冲击耐受电压来表征。

　　②110 kV 及以下电气装置一般能承受暂时过电压及操作过电压的作用，以电气设备的短时（1min）工频耐受电压来表征。当需用避雷器来限制某些操作过电压的场合，则以避雷器的相应保护水平为基础进行绝缘配合。对操作冲击的配合系数一般取不小于 1.15。

三、过电压的保护

（一）雷电过电压保护

　　①变电所的直击雷保护可采用避雷针或避雷线，户外安装的变压器设置独立的避雷针。避雷针的保护范围及防雷要求按照《建筑物防雷设计规范》（GB 50057—2010）确定。

　　②具有 35 kV 及以上电缆进线段的变电所，在电缆与架空线的连接处应装设避雷器，其接地端应与电缆金属外皮连接，以防止雷电波侵入。对三芯电缆，其末端的金属外皮应直接接地；对单芯电缆，可经金属氧化物电缆护层保护器或保护间隙接地；连接电缆段的 1 km 架空线应架设避雷线。

　　③有效接地系统中的中性点不接接地变压器，如中性点采用分级绝缘且未装保护间隙，应在中性点装设雷电过电压保护装置，且宜选变压器中性点设金属氧化物避雷器。如中性点采用全绝缘，但变电所为单进线且为单台变压器运行，也应在变压器中性点装设过电压保护装置。不接地、消弧线圈接地和高电阻接地系统中的变压器中性点，一般不装设保护装置。

　　④35～110 kV 变电所，应根据其重要性和进线路数等条件，在母线上或进线上装设避雷器。

　　⑤35 kV 配电变压器，其高压及低压侧均应装设避雷器保护。

　　⑥10 kV 配电装置，应在每组母线和架空进线上装设避雷器。若无所用变压器时，可

仅在每路进线上装设避雷器。

⑦10 kV 配电系统的配电变压器应装设避雷器，避雷器应靠近变压器装设，其接地线应与变压器低压侧中性点以及金属外壳等连在一起接地。配电变压器宜在低压侧装设一组避雷器或击穿保险器，以防止反变换波和低压侧雷电侵入击穿高压侧绝缘。

（二）内部过电压保护

1. 工频过电压保护

一般由线路空载、接地故障和甩负荷引起的工频过电压，对 3～10 kV 系统一般不超过 1.1p. u.（工频过电压标幺值 1.0p. u. $=U_{\mathrm{m}}/\sqrt{3}$，U_{m} 为系统最高电压），对 35 kV 系统一般不超过 $\sqrt{3}$ p. u.，对 110 kV 以下系统一般不需要采取专门措施限制工频过电压。

2. 谐振过电压保护

①限制谐振过电压要适当调整电网的参数。首先应避免谐振发生，出现谐振时要缩短谐振存在的时间，降低谐振的振幅，削弱谐振的影响，一般是采用电阻阻尼进行抑制。

②限制消弧线圈与导线对地电容的串联线性谐振的方法，是采用欠补偿或过补偿运行方式。

③避免变压器高压侧发生不对称接地故障，断路器非全相或不同期动作而产生的零序过电压，要求断路器三相同期动作、减少在高压侧使用熔断器。这也有利于限制断相引起的铁磁谐振过电压。

④限制电压互感器饱和引起的铁磁谐振过电压，可采用励磁特性较好的电磁式电压互感器或电容式电压互感器。若采用带开口三角形绕组的电压互感器，也可在零序回路中加阻尼电阻。

⑤开断空载变压器操作过电压的能量不大，其对绝缘的作用不超过雷电冲击波的作用，可采用阀式避雷器保护。

⑥对 10 kV 容量较小的变压器，当采用真空断路器时，操作过电压的保护也可采用阻容吸收装置。

3. 过电压限制装置

①小电阻接地系统应选用金属氧化物避雷器。

②不接地、经消弧线圈接地和高电阻接地系统，根据系统中谐振过电压和间隙性电弧接地过电压的可能性及其严重程度，可选用有串联间隙金属氧化物避雷器、碳化硅阀式避雷器，或无间隙金属氧化物避雷器。

③110 kV 采用的避雷器标称放电电流 10 kA，8/20 μs 波形；35 kV 及以下为 5 kA，

$8/20\mu s$ 波形。

④有串联间隙金属氧化物避雷器和碳化硅阀式避雷器的额定电压应以系统暂时过电压为基础进行选择，一般情况下应符合下列要求：

第一，$3\sim10$ kV 非有效接地系统，不得低于 $1.1U_m$（U_m 为系统最高工作电压）。第二，35KV 非有效接地系统，不得低于 U_m。

第三，变压器中性点避雷器的额定电压，对 $3\sim20$ kV 系统不低于 $0.64U_m$，对 35 kV 系统不低于 $0.58U_m$。

碳化硅阀型避雷器及有串联间隙的金属氧化物避雷器，应校验工频放电电压，其下限值应不低于允许的内部过电压计算值。对 35 kV 及以下非有效接地系统应不低于运行相电压的 4.0 倍，其上限值考虑工频放电电压的分散性，约为其下限值的 1.2 倍。

无间隙金属氧化物避雷器应能承受所在系统暂时过电压和操作过电压能量的作用。

对 $3\sim35$ kV 系统用避雷器的承受操作过电压能量是校核其长时间持续放电能力，根据避雷器等级及使用类型进行幅值为 $50\sim400$ A 的 $2\,000\,\mu s$ 方波冲击电流试验。

阀式避雷器标称放电电流下的残压，不应大于被保护电气设备（旋转电机除外）标准雷电冲击全波耐受电压的 71％。

避雷器陡波标称放电电流（$1/5\,\mu s$）下的残压与标称放电电流下的残压值之比不得大于 1.15。

根据避雷器安装地区的污秽情况，避雷器外绝缘的最小公称爬电比距应符合以下要求：

Ⅰ级轻污秽地区 17 mm/kV；

Ⅱ级中等污秽地区 20 mm/kV；

Ⅲ级重污秽地区 25 mm/kV；

Ⅳ级特重污秽地区 31 mm/kV。

四、城轨供电系统过电压保护

雷电过电压保护与变电所设于地面还是地下密切相关，也与其电源线路的引入和引出采用架空还是电缆线路关系密切。由于城市轨道交通工程建设所在地均为大中型城市，城市用电负荷密度较大，110 kV 变电所已深入城区，因此，主变电所高压电源和城轨电源开闭所中压电源的引入、引出多采用电缆方式。

电缆线路的单相接地故障电流较大，因此，城轨供电系统接地方式也有采用小电阻接地方式。即主变压器中压侧和配电变压器的中性点为直接接地或小电阻接地，并且与其他需要接地的系统或设备共用接地装置。

当主变电所设于地面，建筑物和设于室外的变压器要设置避雷针或避雷带，作为直击雷防护。当主变电所高压引入线采用架空线引入时，须按要求采取相应措施进行感应雷防护。

（一）地下线变电所

地下线所设置的牵引变电所和降压变电所一般位于地下，相应的引入线和馈出线也敷设于地下区间或地下车站内。因此不考虑雷电过电压问题，只考虑内部过电压保护措施。

①在变压器及其保护断路器之间设置避雷器或阻容吸收装置。避雷器以最短路径与综合接地装置相连接。

②变压器低压侧宜采用避雷器保护。

③若中压母线设置带有开口三角形零序回路的电压互感器，应采用阻尼电阻保护。

④为防止走行轨电位超过允许值，应设置钢轨电位限制装置。

（二）地面及高架线变电所

地面及高架线线路所设置的变电所一般位于车站内，但因电力线路明敷于地面区间或直埋敷设，故应考虑雷击过电压的保护措施。

①变电所由车站建筑统一考虑直击雷的防护。

②变电所每段中压母线设置避雷器保护。

③在变压器及其保护断路器之间设置避雷器或阻容吸收装置。避雷器以最短路径与综合接地装置相连接。

④若中压母线设置带有开口三角形零序回路的电压互感器，应采用阻尼电阻保护。

⑤变电所低压母线设1级SPD浪涌保护器实施保护。

⑥直流开关柜正极和负极母线均设避雷器保护。

⑦为防止走行轨电位超过允许值，设置钢轨电位限制装置。

⑧对于地上区间变电所，须单独采取防直击雷。

（三）车辆段、停车场

车辆段、停车场的变电所一般是牵引变电所（混合变电所）独立设置，降压变电所与其他建筑物合建。因此，过电压保护方案分别与地面及高架线路变电所基本一致。

五、钢轨电位限制装置

对于走行轨回流的直流牵引供电系统，正常运行状态下，供电分区内列车运行时，走行轨中流过牵引负荷电流，走行轨产生对地电位。钢轨对地电位的大小，主要与牵引供电电压等级、列车参数、牵引负荷电流、牵引变电所间距、走行轨对地过渡电阻的均衡程度等因素相关。

直流 1 500 V 牵引网电压损失允许值是直流 750 V 牵引网的两倍，相应走行轨上对地电位较高。在采用大双边供电时，牵引供电距离增大，此问题会变得更加突出。

当发生某些故障时，可能会引起走行轨对地电位的陡升，如接触网与走行轨发生金属接触短路，接触网对架空地线（地）发生金属接触故障，直流设备发生框架泄漏故障等。

当列车停靠站台，乘客进出车厢时会触摸金属车体，且当人多拥挤时乘客身体接触车体的时间还会较长。此时，如果走行轨上出现过高电位，乘客有受到电击的危险。

直流牵引供电系统一般设有如下继电保护：直流开关速断保护、大电流脱扣保护、电流变化率及其增量保护、过电流保护、线路电压保护、牵引变电所双边联跳保护、直流设备框架泄漏保护以及紧急分闸等。直流牵引供电系统发生故障时，会在短时间内切除故障，以保障人身安全、直流牵引供电系统及其设备安全。

由于故障情况下可能存在设备拒动问题，仅仅依靠直流牵引供电系统的继电保护措施对于人身安全而言是不够的。因此，在设置继电保护的前提下，还应考虑等电位联结措施。通过等电位联结，降低人身接触电压，使人员处于等电位状态。

为了降低车体与地之间的接触电压和跨步电压，一般在设有牵引变电所的车站和车场设置钢轨电位限制装置，在走行轨对地电位超标时，可将走行轨和变电所接地母排连接起来。这是国际上通用的一种保护人身安全的防护措施。

（一）工作原理

杂散电流腐蚀防护要求走行轨对地绝缘，以减少杂散电流对地的泄漏，所以，钢轨电位限制装置的投入条件很重要。只有当走行轨对地电位超过限值，才能将走行轨通过钢轨电位限制装置与牵引变电所接地母排连通。

钢轨电位限制装置监视走行轨与地之间的电压，如果该电压超过预定的值，钢轨电位限制装置动作，将走行轨短时接地，同时钢轨电位限制装置监视走行轨与地之间的电流。当该电流低于预定值时，钢轨电位限制装置将自动复位，断开走行轨对地的连接。我国现行标准《城市轨道交通直流牵引供电系统》（GB/T 10411－2005）规定利用走行轨回流且在最大负载时，走行轨上任意一点对地电位不大于 90 V。

当正线区间出现正极接地故障时，走行轨电位可能超过限定值而使钢轨电位限制装置导通，钢轨电位限制装置将流过接地故障电流。为避免接触器触头被烧损，钢轨电位限制装置的设计采用了晶闸管加接触器的技术。

在走行轨对地方向和地对走行轨方向设置两组晶闸管，利用电压检测电路和触发脉冲电路来产生触发脉冲和控制信号去触发两组晶闸管的导通以及控制接触器的闭合。通过控制电路来调节预定的电压值和相应的延时时间。通过电流检测电路，当电流低于预定值时使钢轨电位限制装置自动复位，电流值也可以在一定范围内进行设置。

当接触网对地短路时，会有很大的初始故障电流流过钢轨电位限制装置，而此时晶闸管首先被触发导通来承受该电流。采用了晶闸管技术，确保了当走行轨上出现高电位时，晶闸管可在极短的时间内被触发导通并能承受很大的初始故障电流，使得整个系统更加安全、可靠。

晶闸管导通后承受通过钢轨电位限制装置中的故障电流，近、远端的直流断路器将在几十毫秒内分断故障电流。而接触器的接点机械动作时间远远大于晶闸管的导通时间和断路器的动作时间，故接触器的接点容量设计不需要考虑承受故障电流，但要考虑能承受长时间的电流而不发生过热。当接触器接点闭合后，走行轨与地之间的电流将主要通过接触器，直到该电流降至预设电流值以下时，钢轨电位限制装置复位，接触器接点才打开。

（二）与直流框架泄漏保护的关系

直流框架泄漏保护用来保护直流设备正极碰壳或对地绝缘损坏，设有电压和电流动作元件，可用于报警或跳闸。钢轨电位限制装置两端分别为走行轨、保护地，用于限制走行轨对地电位，保护人身安全。

当发生直流设备正极碰壳或对地绝缘损坏时，直流框架泄漏保护装置内的电压元件将检测设备外壳与走行轨之间的电位差，发出报警信号；其中的电流元件将检测设备外壳与保护地之间的漏电流，此漏电流的大小取决于直流框架泄漏保护分流器和走行轨对道床过渡电阻的大小，直流框架泄漏保护将会动作于直流开关跳闸。

钢轨电位限制装置检测的是走行轨对保护地的电位差，这是杂散电流在走行轨与道床之间过渡电阻上产生的电压，该电位差较大时，轨道电位限制装置将会动作。

第七章　城市轨道交通智能化

第一节　城市智能交通概述

一、城市智能交通系统概述

智能交通系统（Intelligent Transportation System，ITS）其实质上就是利用高新技术对传统的交通运输系统进行改造而形成的一种信息化、智能化、社会化的新型交通运输系统。人们将先进的信息技术、数据通信传输技术、电子控制技术等有效地综合运用于整个交通运输管理体系，使人、车、路和环境协调配合、和谐统一，从而建立一种在大范围内全方位发挥作用的实时、准确、安全、高效、舒适的综合交通系统。从早期对 ITS 的系统划分来说，ITS 主要包括先进的交通管理系统（Advanced Traffic Management System，ATMS）、先进的出行者信息系统、先进的车辆控制和安全系统、先进的公共交通系统（Advanced Public Transportation Systems，APTS）、先进的商用车辆运营管理系统、先进的乡村交通系统、自动公路系统等。

城市智能交通系统（Urban Intelligent Transportation System，UITS），简而言之，就是 ITS 在城市交通中具体的表现形式，涵盖在城市交通系统中的各种 ITS 应用。

城市智能交通的发展，不仅是现代城市发展的重要内容，也为新技术产业提供了发展空间。新一代宽带移动通信、泛在网络、智能终端、人工智能、大数据技术、社交网络媒体、移动出行即服务（Mobility as a Service，MAAS）等在城市交通中具有广泛的应用前景，这为战略性新兴产业提供了广阔的市场环境，也为城市智能交通的发展提供了广阔的空间。

（一）智能交通系统的开发背景

城市和城市化，是人类文明发展的必然，其根本的动因是人类对美好生活的向往和追求。城市化是现代社会经济发展的重要增长力，城市化对于公共服务普及、人民生活水平改善等方面起到了积极的作用。我国的城市化长期以来相对比较缓慢，但自进入 21 世纪以来，全国的城市化进程非常迅猛。统计显示，2022 年末，我国城镇常住人口已经达到 9.21 亿人，常住人口城镇化率 65.22%，这是我国工业化、城镇化取得重要进展的一个标志性数据。城市化发展也带来一系列问题，现代城市发展面临交通拥堵、交通安全、环境污染、资源制约等巨大挑战。对我国来说，人口规模、社会保障、城市规划、社会治理等问题也不容忽视。在我国城市发展面临的诸多问题中，交通问题尤为突出。

交通让人们的生活有了延伸和扩展，让人们的视野更开阔、交流更便捷。城市化的标志之一就是交通的迅猛发展，这也是人类文明进步的标志。但是，随着科学技术的进步和工业的发展，城市交通量激增，传统的交通模式已不能满足要求；同时，由于工业发展为城市交通提供的各种交通工具越来越多，城市交通在发展模式、管理等方面都面临严峻的挑战，发展城市智能交通、缓解交通拥堵、改善交通出行是城市发展的迫切需求。

（二）城市智能交通系统的构成与服务领域

城市 ITS 的基本功能表现在减少居民出行时间、保障交通安全、缓解交通拥挤、减少交通污染等方面，其最终目标是建立一个实时、准确、高效的交通运输管理系统。基于以上功能，城市 ITS 系统包括城市交通信息管理系统、交通管理系统、紧急救援管理系统、收费管理系统、公共交通管理系统、客货运管理系统、交通信息服务系统及安全驾驶支持系统等发展重点及服务领域。

1. 城市交通信息管理系统

城市交通信息管理系统主要包括公共交通信息管理系统和交通数据管理系统。

城市公共交通信息管理系统是城市交通信息管理系统重要的基础应用子系统，为城市公交管理部门定制的专业应用型信息管理系统。即在公交地理信息系统（Geographic Information System，GIS）平台基础上，根据公交行业需求和公交网络的特点，应用专门技术而设计的一种专门解决公交问题的信息管理系统。

交通数据管理系统是城市智能交通系统的重要组成部分，其主要功能是用于信息检索，并且能对专题数据进行覆盖分析和统计评价等决策支持，这是城市智能交通系统其他功能的基础。城市智能交通系统中所要处理的数据除图形矢量数据以外，还存在大量影像数据，如何将矢量数据、影像数据和属性数据进行统一管理，已成为一个重要的研究方向。

2. 交通管理系统

交通管理系统是城市智能交通系统的重要子系统之一。该系统通过将交通信息采集技术、数据通信传输技术、电子控制技术和计算机处理技术等综合应用到交通管理系统和车辆，提高现有路网的利用率，降低道路交通拥挤程度、交通事故的发生率及因交通拥挤、事故等造成的出行时间延长，降低油耗、减少尾气排放等。该系统包括交通信号控制系统、交通需求管理系统、交通事件管理系统、交通运行指数系统、高速公路交通监控系统、电子警务与办公自动化系统、停车场管理系统、多模式交通衔接系统和道路基础设施管理系统。

3. 紧急救援管理系统

紧急救援管理系统主要包括紧急救援预案和紧急事件救援管理系统。

紧急救援预案在交通安全应急管理系统中是最重要的组成部分，针对不同的突发情况事先制订有效的应急预案。救援部门不仅可以用于对救援人员的日常演习训练，保证人力和各类物质资源处于良好的备战状态，而且还可以在发生交通事件时指导应急行动有序进行，防止因现场混乱和组织不当引起的工作延误。一个完善合理的预案不但可以及时处理突发事件，还可以有效防止事故的恶性发展，把交通安全突发事件造成的损失降到最低程度。

紧急事件救援管理系统则是指在一体化管理的前提下，利用交通管理部门内部资源和社会资源，通过监测、预警、准备、反应、恢复等措施，控制和限制交通事故危害的发展，降低所造成的伤亡与经济损失，预防二次事故的发生，减少所造成的交通拥堵、交通延误，确保交通安全、畅通，提高交通运输效率，降低直接和间接经济损失。

4. 收费管理系统

收费管理系统包括高速公路电子收费系统、公共交通收费系统及停车场收费系统。

高速公路电子收费系统是利用车辆自动识别（Automatic Vehicle Identification，AVI）技术完成车辆与收费站之间的无线数据通信，进行车辆自动识别和有关收费数据的交换，通过计算机网络进行收费数据的处理，实现不停车自动收费的全电子收费系统。这种高度自动化和高效率的收费管理系统能杜绝人工收费过程中的各种不良现象。

公共交通收费系统多数采用非接触式 IC 卡，其读写器以射频识别技术为核心，将卡内存储的识别资料及其他数据以无线电波的方式传输到读写器并且接受读写器对卡内数据的进一步操作。系统简化了公交收费、找零和财务管理，在满足和方便居民出行的同时，提高了企业效益和服务效率。

停车场收费是指对接受停车场提供的产品或服务的受益者收取的费用。非接触式 IC 卡停车场收费系统是目前国际上最先进的计算机收费管理系统之一，具有方便快捷、收费准确可靠、保密性好、灵敏度高、使用寿命长、形式灵活、功能强大等众多优点。

5. 公共交通管理系统

公共交通管理系统主要以出行者和公交车辆为服务对象。对于出行者而言，该系统通过采集与处理动态（如客流量、交通流量、车辆位置、紧急事件的地点等）和静态交通信息（如发车时刻表、换乘路线、出行最佳路径等），从而达到规划出行、选择最优出行线路、避免交通拥挤、节约出行时间的目的。从方式上来说，包括城市常规公共交通运营管理系统、快速公交运营管理系统和城市轨道交通运营管理系统。

6. 客货运管理系统

客货运管理系统包括道路运政管理系统和客货运运营管理系统。

道路运政管理系统主要是从行政许可、日常管理和监督与服务、执法监督、辅助决策、系统维护等方面进行运政管理的系统。道路运输行政管理的目的主要是维护和促进市场竞争，通过制定道路运输竞争规则，培育、发展、完善道路运输市场机制，实现运输资源优化配置。

客货运运营管理系统的目标是要实现客运和货运的快速化与多式联运化。客运运营管理的主要内容总体可分为综合枢纽作业协调管理和组织服务性管理两大部分。按照系统工程的思想，客运运营管理系统包括客运系统、移动设备系统和固定设备系统。货运运营管理系统由基础数据管理模块、任务生成与执行控制模块、车辆运行控制模块、驾驶员控制模块与企业生产运营评价模块五个部分组成。货运运营管理系统可以帮助决策者发现运营管理不良的原因，实现减少企业经营损失，降低经营风险的目的。

7. 交通信息服务系统

交通信息服务系统包括停车诱导系统、实时道路交通信息发布系统、实时公交信息发布系统、多模式交通换乘信息发布系统、对外客运交通信息发布系统、定位导航系统等。

停车诱导系统（Parking Guidance Information System，PGIS）是通过多种信息发布形式发布实时的停车信息，为驾车出行者提供方便快捷的停车服务，实现疏导停车需求，提高道路交通服务水平，缓解因停车巡游产生交通拥挤、行驶速度缓慢等造成的道路交通压力。

实时道路交通信息发布系统的主要功能是获取交通流实时动态信息和各种交通服务信息，并将规范处理后的信息通过不同方式进行发布。同时向用户提供信息查询和各种扩展功能，如路径安排、车辆诱导等。

实时公交信息发布系统是交通信息服务系统的关键组成部分，是直接面向公交出行者的窗口服务系统。公交信息发布是智能公共交通信息服务系统为出行者提供的信息与出行者之间交互的媒介。

多模式交通换乘信息发布系统向乘客提供各种运输方式的行车时刻和运行路线、换乘站点、客运站场、周边地理信息、票价及道路交通状况、气候条件等换乘相关信息。出行人员可根据这些信息选择最佳的出行运输方式、换乘方式及出发时刻或取消出行计划等。通过换乘信息服务系统保障换乘枢纽客流的高效转换，提高换乘枢纽的综合效率，改善对换乘用户的服务质量。

对外客运交通信息发布系统是在统一的、先进的交通服务信息系统基础上，集成各种终端和媒体向公众出行人员提供城市间客运出行信息服务，使得出行者能"不同场合、多种手段"实时获得出行前、出行中的交通、旅游、气象等信息服务。

定位导航系统与电子地图、无线电通信网络及车辆管理信息系统相结合，可以实现以下服务功能：车辆跟踪、出行路线的规划和导航、人工线路设计、信息查询、话务指挥、紧急援助、交通流量监测、交通设施信息的实时采集标注、行车安全管理及交通事故分析等。

8. 安全驾驶支持系统

安全驾驶支持系统是指政府出台的交通安全法律法规及其建立的各类实时监管平台，各客运、货运企业的智能监管系统及具有互联网公司导航类 APP 的事故预警和安全驾驶提醒功能等装备在车辆上的大量的 ITS 设，备共同构成的安全保障系统。安全驾驶支持系统的本质就是要将先进的检测技术、通信技术、控制技术和交通流理论加以集中，应用到车路系统中，为驾驶员提供一个良好的驾驶环境，在一定的条件下实现自动驾驶，其最高形式是智能车辆。

通过辅助控制、自动控制等措施，安全驾驶支持系统主要具有提高行车安全、增加公路的通行能力、降低废气排放量等优势。

目前来看，安全驾驶支持系统的核心内容是智能汽车的研究与应用，仍处于研究测试阶段，可以分为两个层次：一是车辆辅助安全驾驶系统，主要包括车载传感器（微波雷达、激光雷达、摄像机、其他形式的传感器等）、车载计算机和控制执行机构等；二是自动驾驶系统，是一种通过车载计算机系统实现无人驾驶的智能汽车系统，依靠人工智能、视觉计算、雷达、监控装置和全球定位系统协同合作，使计算机可以在没有任何人类主动的操作下，做到自动导向、自动检测和回避障碍物，自动安全地操作机动车辆。

此外，未来的汽车安全驾驶辅助系统应同时包括对驾驶员安全意识的辅助功能。自动驾驶系统则在此基础上进一步深化，采用现代通信手段，可实现车路间的双向数据通信，传输速率快，信息量大。在各种先进的 ITS 设备成功应用之后，安全驾驶支持系统将具备安全预警、自动防撞、视觉强化、车辆巡航、自动导航、救援呼叫、车队控制等功能。

以上这些系统为城市智能交通系统整体功能的实现提供了有力保证。

二、城市智能交通系统的特征与发展

(一) 城市智能交通系统的主要特征

城市智能交通系统作为现代城市交通的重要构成，具有系统性、科学性、阶段性、思想性和目的性等特点。

1. UITS 的系统性

UITS 的系统性主要体现在交通管理体系的综合化和系统化方面。UITS 是由各个子系统构成的，采取人工智能的方法和系统工程的方法，对系统本身及系统之间进行技术和方案的集成，并实施各种交通方式之间及整个城市 ITS 系统的集成，从而实施信息共享一体化的交通综合管理。具体来讲，在交通管理模式方面，不是孤立地管理，而是要求达到实时、准确、安全、高效、舒适的综合系统管理；在交通管理方法方面，不是单纯地靠人管或增加供给来满足交通需求，而是综合运用现代科学技术的最新成果和丰富的数据信息，实施科学化、现代化管理；在交通管理的对象方面，不是对人、车、路的单独管理，而是实现城市交通系统中人、车、路的有机融合、协调管理。

2. UITS 的科学性

UITS 的科学性主要体现在交通技术水平的现代化和科学化上。UITS 的理论是现代科学的多学科有机整合的现代理论，UITS 的技术是现代技术在城市交通领域的综合应用，集中体现了现代技术的信息化、数字化、智能化等特征。UITS 所需的信息不单是车辆的数量信息，还包括交通与交通出行者有关的时间、空间、心理、生理、气候、地理、图像、语言等信息，并对这些信息进行检测和识别，生成数字化信息，从而实现智能化管理。

3. UITS 的阶段性

UITS 的阶段性主要体现在城市交通发展的过程中。UITS 的形成和发展是科学技术发展与进步的结果，也是交通需求和供给技术进步的结果。这个发展过程由低级到高级大致可划分为五个阶段模式，即原始模式、机械模式、生物模式、智能模式、全球智能化综合模式。每一个阶段也都有其自身的特点，并构成一定的模式。

4. UITS 的思想性

UITS 的思想性主要体现在对城市交通的思维方式和方法中。UITS 需要一种新的思维（理念），UITS 不是一个简单的技术复合体，必须用全新的思维去思考和实践，而不能停留在原有的模式中去思考问题和解决问题。

5. UITS 的目的性

UITS 的目的性主要体现在城市交通的目的方面。城市交通的目的是实现人和物的移动，而不是车辆的移动。城市交通面临的是一个如何达到规律、高效，以提高人和物流通效率的问题，也是一个从根本上改变人居环境质量，有利于城市可持续发展的重要战略问题。UITS 的目的是充分有效地利用城市道路及基础设施，减轻出行者的负担，提高出行质量，从而保障安全、提高效率、改善环境、节省能源和培育 UITS 新产业。

（二）城市智能交通系统未来的发展趋势

1. 交通大数据方面

城市智能交通系统未来的发展趋势中，交通信息大数据要以物联网及云计算这两种先进现代化技术为基础和前提，构建成全新的现代化技术。在我国的交通运输范围内，已经开展广泛应用控制技术、计算机技术及通信技术，这些技术的应用都为城市智能交通系统的构建及发展提供了依据。在实际应用的过程中，对于数据的有效收集、储存及计算是交通大数据处理最中心的功能。基于数字化时代背景下，出现了海量的交通数据，利用交通数据处理在很大程度上发挥了十分积极的作用，能够及时有效地发现有价值、有潜力的数据信息。在此基础上，交通大数据通过其数据解析技术能够对这些数据进行整合，这有助于优化和完善城市智能交通系统。

2. 自动化驾驶技术

在 20 世纪 70 年代，日本和美国都逐步开展了城市智能交通系统的研发工作，智能交通技术的不断发展，为自动化驾驶系统的发展提供了契机。经过长时间的实践和应用，这一技术的可行性及实用性得到了市场及群众的广泛支撑。在 2012 年，谷歌公司推出的无人驾驶汽车逐渐取得了相关部门的驾驶资格证，在此基础上，很多车辆生产企业也逐渐兴起开展以自动化相关的驾驶车辆研究工作。在国内，2011 年，由我国的国防科技大学研发并实现了自动驾驶技术，如红旗品牌下的 HQ3。实践中，此车从长沙开往武汉，总行程达到了 286 km，自主实现超车 76 次，且平均时速达到了 85 km/h。这次无人驾驶技术的成功是迄今为止城市智能交通系统发展中的一次壮举。

3. 生态智能交通体系构建

人们生活水平不断升高，为了满足自身多元化的出行需求，便捷出行方式—汽车逐渐被各家各户所应用。虽然汽车的出现为人们的生活提供了方便，但是越来越多的汽车尾气也随之出现，汽车尾气的排放对于人们的身体健康及自然环境都造成了一定的危害。现阶段，汽车尾气已经成为造成我国环境污染的最主要因素，在这一背景下，大部分的国家已经逐渐出台了多种环保政策，我国也结合实际的环境情况也提出了相应的节能减排理念，制定了许多有针对性的环境保护措施，在此基础上实现降低污染、节约资源、绿色环保的国家发展要求，为城市的健康发展提供保障。所以在城市智能交通系统中构建生态智能交通体系，能够有效治理交通造成的污染，是城市智能交通系统未来发展的方向之一。

4. 城市智能交通系统与移动互联网相结合

现阶段，城市智能交通系统已经逐步实现了与移动互联网技术的结合，在此背景下也衍生出了智能交通服务。智能手机及移动终端技术在人们的生活中必不可少，并且网络通信数据越来越成为收集交通信息的主要渠道，其能够准确分析人们的出行规律，并有效结合这些规律利用其可视化地图及导航功能为群众提供优质的交通服务。与此同时，城市智能交通系统 APP 与移动智能的快速发展，使其技术在人们出行中的功能和作用不断被发掘出来，提升了为人民服务的质量和效率。

第二节 城市轨道交通智能运维

一、智能运维的必要性

随着地铁线网规模不断扩大，各专业运维生产和管理工作存在监测信息不全面、纸质台账繁多、数据利用率较低、故障定位不精确、应急处置效率不高等问题，既有维修管理模式已经无法满足网络化运营管理对设备稳定运行及故障处置效率提出的更高要求，急需采用智能化手段解决问题。大数据、云计算、5G、图像识别、物联网等新技术的发展为地铁生产管理的提升与变革带来契机。

（一）信息化时代的迫切需要

"智慧城轨"不仅是交通强国建设的突破口，更是信息化技术的重要承载体。智能运维作为"智慧城轨"的重要组成部分，推进智能运维建设成为城轨企业高质量发展的必然趋势。

（二）网络化设备维保的迫切需要

首先，传统设备系统监测信息不全面导致人工巡检工作量巨大、故障原因排查耗时耗力，且存在故障无法精准定位的难题。

其次，设备在运行过程中产生海量数据，及时分析数据可有效发现设备运行隐患，进而及时制定维修策略、减少故障发生概率，提升设备的使用可靠性。

最后，随着新建线路增多，技术稳定的维修维护人员严重不足，导致维修维保任务压力较大。

（三）网络化阶段设备维保管理的迫切需要

首先，设备维保管理是一项系统性、多环节、多接口的工作，掌握信息全面与否直接决定了管理水平的高低。传统运维管理存在"信息孤岛"严重、管理流程割裂两方面的重大问题。

其次，各线路新技术的应用程度存在差异，导致设备的维修维护差异化较大，从而限制了人员的一岗多能及区域化管理下的应急处置效率。

再次，网络化运营模式下，通信、风水电、低压配电、车辆、轨道等多个专业从行业发展和维护成本两方面考量，可能将自主维修维护转变为委外维修维护。但委外维修的质量监管无法量化。

从设备数据骤增、挖掘数据价值、维修维护队伍技术水平差异、维修制度变革、维保模式变革及生产管理模式变革等六个方面进行的深入分析可知，智能运维系统的需求研究及建设是轨道交通发展的必经之路。

二、智能运维的含义

所谓智能，即利用先进技术实现设备感知端的自动化、数据处理端的大数据应用及分析决策端的智能化决策；所谓运维，即设备运行维护业务与相关的生产管理工作。智能运维即利用先进技术给设备和人员赋能，通过智能化软、硬件应用实现生产管理智能化。

智能运维建设的核心是构建一种新的生产关系：基于智能化新技术应用实现业务流程的优化与管理模式的变革，实现设备维修由传统"故障修和计划修"向"状态修和指令修"的转变，深度提升前台检修、后台维修及资源调配的衔接能力和网络化设备运维管理水平。

智能运维建设包含两层含义，即软、硬件层面的智能化建设和生产管理层面的智能化建设。其中，硬件建设是指加装采集装置、传输设备、安全设备、存储及分析设备等硬件设备，实现设备运行状态的全息感知；软件资源建设是指部署一系列的虚拟化管理、数据清洗及专业的应用分析等软件，实现采集数据的大数据处理及深度分析，为设备管理及维修维护提供决策支持；生产管理层面的智能化建设通过软、硬件智能化建设支撑维修维护管理的信息化、智能化，并赋予与之匹配的管理模式，实现运营管理的集约化和资源的高度共享。

软、硬件智能化建设是生产管理智能化建设的基础条件，生产管理智能化是智能运维建设的核心，即利用智能化的软、硬件实现生产管理的智能化。智能化维修维护管理具体表现为设备自动运行、一定程度上的无人巡检和设备健康管理。

智能化的具体实现路径为前端加装各类采集装置进行设备运行状态全面监测，中间通过统一的云平台进行数据集成、清洗、存储、计算等处理，后端利用数据挖掘、图像识别、深度学习等 AI 智能及大数据技术进行故障诊断与预警、设备健康状态评估分析、维修决策辅助等智能化分析应用，最终作用于维修生产管理由传统模式向智能模式的转变。

三、智能运维的目标

（一）全面提升巡检自动化水平

对关键设备运行状态全面、实时监测，对运行数据深入分析及健康评价，实现设备运行状态智能诊断，结合设备运行参数在线监测和设备环境监测，用远程巡检代替现场巡检，实现设备现场管理无人化，解放维修维护人员。

（二）实现关键设备健康管理

通过全面感知设备状态和数据分析实现关键设备健康状态评估与故障预测，在设备异常时能够及时发现、及时处理，降低故障发生率。

（三）提高设备维修效率

结合大数据实现故障原因分析、判断设备健康状况、及时预判故障点位、指导维保工作，触发维护维修系统派发维修工单、领料工单，推送故障信息至值班人员，提升维修效率。

（四）优化检修模式

现有检修周期缺少理论依据和验证，通过智能运维平台可开展深入分析故障原因、增加设备状态监测参数、全面评价设备状态、根据设备状态采取合理检修手段等工作，进而实现检修模式优化。

（五）提高运维管理水平

完善智能运维模块功能，实现各级管理人员通过云平台（OA）掌控现场设备状态、人员作业状态、故障抢修情况等，丰富管理手段。

四、智能运维总体需求

（一）网络部署

各专业智能运维平台均部署于企管网辅助生产域，同时与生产网内的工业自动化生产系统和企管网的维修维护系统、施工管理系统、人力管理系统、安全管理系统等信息化系统互通互联，进行数据交互。生产网与企管网辅助生产域尽可能实现数据单向传输，防范生产网被攻击的风险。

智能运维平台部署于企管网辅助生产域的原因分析如下：

①智能运维平台的运行不能影响生产网自动控制系统的运行，设备的核心控制型业务部署在生产网内，监测和分析型业务部署在企管网。

②从线路的管理方式、设备维护和使用角度分析，建议将智能运维平台作为线网级平台建设，具备其他线路接入条件，实现数据在线网层面的集中分析。

③智能运维平台如果部署在生产网，须通过专线在生产网设置查看终端，大大降低了平台的灵活性。其主要受到两方面制约：一是可查看的人员有限；二是查看智能运维平台时必须到达固定地点，导致查看位置受限。

④智能运维平台须与维修维护系统进行数据交互。若部署在生产网，需每个专业在生产网内单独开发维修维护系统，耗资巨大且无法满足维修维护系统与EAM（企业资产管理系统）数据交互的需求。

⑤智能运维平台相关专业的部分数据须通过U盘导入，如设在生产网，即使使用安全U盘仍会存在一定的安全风险。

所以，建议智能运维平台部署于企管网生产辅助域，且实现生产网与智能运维平台数据单向传输。即生产网可向智能运维平台传输数据，而智能运维平台不能向生产网回传任何数据，确保生产网内的设备控制系统安全运行。

（二）硬件资源部署

各专业智能运维建立后，设备的监管层级共有四级：一级为中心级，二级为线网级，三级为班组级，四级为执行级（手机终端），其中第二、三、四级为智能运维的监管范围。按照设备类型可将硬件资源分为非终端设备、监控终端、生产网新增设备、企管网新增设备四种类型。其中，非终端设备主要指后台的计算、存储、网络相关设备；监控终端指用于人员监控的复式工作站或办公电脑；生产网、企管网新增设备主要指前端采集及传输设备。

1. 一级硬件资源需求

各专业一级设备均采用传统综合监控系统组网。受全自动驾驶影响，除车辆专业须在生产网增设车辆调度工作站外，其他专业均使用部署在生产网中的传统调度监控设备。

不同专业按照设备状态是否上传综合监控分为两种类型：一是设备状态信息上传综合监控系统，调度人员使用调度工作站（包括全自动驾驶线路增设的车辆调度工作站）实时监控设备状态，大部分故障信息通过系统直接采集，少部分故障信息通过站务或乘务人员人工上报；二是设备状态信息不上传综合监控，因而不设调度监控工作站，故障信息均来源于人工上报。

2. 二级硬件资源需求

二级硬件资源主要指智能运维平台新增资源需求，包含线网服务器、线网级专用监控终端、大屏计三种设备。

3. 三级硬件资源需求

三级硬件资源主要指工班级监控终端，所有终端均须预留满足运行五大中心软件的性能需求。

按照使用方式可分为专用终端和复用终端，按照部署位置又分为企管网终端和生产网终端。各专业综合考虑网络安全要求、功能需求及用户使用需求，提出适合本专业的三级硬件资源需求方案。

4. 四级硬件资源需求

四级结构主要为移动终端，须安装 APP 软件后应用。手机终端 CPU、GPU、RAM/ROM、I/O、OS 应满足 APP 运行及信息交互性能要求，并预留查看功能权限。

（三）软件资源部署

所有设备数据应基于维修设备树建立基础设备单元及数据标签，基础数据库应基于维修设备树进行开发。考虑后续线路接入，智能运维系统软件应预留再次扩容资源及接口，满足线网需求，同时底层数据上传应统一数据标准。软件资源分为系统软件部署、应用软件部署和网络安全部署。

1. 系统软件部署

支持主流操作系统及数据库软件。

2. 应用软件部署

应用软件主要部署在各级监控终端，应满足智能运维系统应用软件运行环境和性能等需求。

软件升级功能要求：现阶段智能运维系统处于发展的初级阶段，软件要充分考虑与早期版本的兼容性。对于软件使用过程中出现的问题须提供免费软件的升级维护服务，实现智能运维软件功能性和稳定性的迭代式发展。

由于使用人员不同导致不同层级终端对软件功能的需求有所不同，且不同专业由于管理模式的不同导致相同层级人员对软件功能的需求亦不相同。

3. 网络安全部署

①系统组网应遵照统一规划、统一标准、合理布局的原则，应具备可扩展性。

②系统网络采用 TCP/IP 等协议，符合开放式网络体系结构。

③系统网络设计应提供可靠的、冗余的、灵活的信息传输及交换信道。

④系统组网应采用环网保护技术，具备网络检测、自愈功能，时间小于 50 ms。

⑤智能运维系统应遵循最小安装原则，仅安装需要的组件和应用程序，加强计算环境边界管控，关闭不需要的系统服务、默认共享服务和高危端口。

⑥系统局域网和外部接口之间应部署网络安全边界设备。

⑦安全设备应删除多余或无效的访问控制规则；应采用入侵检测技术捕获网络异常行为、分析潜在威胁、进行安全审计；具备违规行为和病毒攻击行为等报警功能。

4. 接口需求

与维修维护相关系统接口：具备将智能运维系统故障报警等信息推送至维修维护相关系统的功能，接收维修维护相关系统数据信息用于数据分析或经数据分析中心处理后形成新的数据源。

与人力管理系统接口：智能运维系统中用户管理权限设置功能涉及的员工信息，须来源于人力资源管理系统。

不同专业根据各自需求预留与其他专业系统的外部接口，获取其他专业的设备状态信息。

系统应预留与 EAM、物资管理系统接口功能，接口采用通用的 TCP/IP 协议。

5. 其他通用要求

①智能运维系统与其他接口要求统一规划，建立统一标准的生产域、企管域数据交互管理通道。

②智能运维系统与企管域其他系统接口应建立统一且唯一识别的数据交互接口及通信协议标准。

③智能运维系统应建立统一的基础设备单元库，具备数据耦合功能，确保智能运维系

统及各系统接口设备数据的唯一性。

④智能运维系统云平台与通信各子系统采用标准、通用、开放和软件解码的 TCP/IP、HTTP、TP 等协议，使用 100M/1 000M 以太网或单模光接口，支持主备通道热冗余。

（四）系统功能需求

智能运维系统功能统一划分为运行监测、数据分析、健康管理、维修生产等四大中心。

①运行监测中心是在既有设备状态采集的基础上，通过加装各类采集装置新增采集点，实现设备运行状态的实时监测、设备外观检测、环境状况监测等内容，发现报警和异常信息上传至智能运维系统平台，代替人工完成日常巡视工作。同时，运行监测中心还为数据分析中心、健康管理中心、应急管理中心和维修生产中心提供基础数据。

②数据分析中心应基于大数据和人工智能技术，实现对各设备系统及结合部的实时分析、运维历史数据的深度挖掘及分析，可提供具有历史规律价值的量化评估及指导分析，能为后续的设备运维决策和管理过程决策提供支持。

③健康管理中心应能通过综合覆盖设备各组件的在线监测数据、在线监测数据的实时异常与故障分析、在线监测数据的历史趋势变化、设备各组件设计浴盆曲线、设备各组件使用时长与次数、历史故障情况、历史维修记录等因素，评判设备健康指标，实现系统及设备健康度计算及寿命预测。

④维修生产中心通过综合分析设备故障信息、历史维修记录、实时状态信息等，向维修人员推荐处理建议。故障修维修策略应具备自学习能力，可全生命周期存储（故障处理步骤发生变化时进行存储，具备自动覆盖功能），并可以动态更新。

第三节　智能语音客服与智能环控设备监控系统节能

一、智能语音技术在城市轨道交通客运服务中的应用

（一）智能语音技术的发展

作为目前人机交互最重要的方式之一，智能语音交互技术的发展可以通过两方面来衡量：一是软件性能的提升，二是与硬件的结合。智能语音技术主要包括语音识别、语音合成和自然语言处理等三方面。

1. 语音识别技术

语音识别技术被认为是 2000 年～2010 年间信息技术领域十大重要的科技发展技术之一。语音识别技术是将声音转换为文字的技术，涉及前端识别处理，主要包括噪声消除、身份识别、智能打断等。最早的基于计算机的语音识别系统是由贝尔实验室开发的。19 世纪 60 年代，人工神经网络被引入语音识别中，该时代的两大技术突破是线性预测编码和动态时间规整技术。语音识别技术的最重大突破是隐马尔科夫模型的应用。在学者 Baum 提出的相关数学推理以及学者 Labiner 等人的研究成果基础上，卡内基梅隆大学的李开复第一个实现了基于隐马尔科夫模型的大词汇量语音识别系统——Sphinx[①]。2012 年，随着卷积神经网络投入应用，语音识别的准确率有了大幅提升。

2. 语音合成技术

语音合成技术是将文字转为声音并输出，目前这项技术已较为成熟。语音合成的发展经历了机械式语音合成、电子式语音合成和基于计算机的语音合成等发展阶段。语音合成方法的分类存在差异，目前主流的、获得多数认同的分类是将语音合成方法按照设计的主要思想分为规则驱动方法和数据驱动方法两种。语音合成涉及的各个方法并非完全独立，近些年来研究人员将各种方法进行取长补短并整合，其实现算法主要包括波形拼接——PSOLA 算法、STRAIGHT 算法、限制玻尔兹曼机算法和深信度网络算法等。

语音合成分为前端和后端。前端是涉及自然语音处理较多的部分，即文本处理部分。它对句子进行分词、标音、标韵律等操作，生成包含分词结果、韵律、音素等的标注文件。后端则是声学处理，利用标注和语音进行语音信号处理、建模，产生最终的语音文件。多数在语音合成中所做的努力都集中在后端，而合成的前端技术亟待取得进一步的突破。

3. 自然语言处理技术

自然语言处理属于认知智能范畴，包含词法分析、句法分析和语义理解三个层面。其中，语义理解涉及知识库的构建、语音语言学、数据分析挖掘、算法建模、海量词汇热点检索、自主学习等技术，目前仍处于浅层处理的阶段。

（二）智能语音技术的应用现状

以语音交互技术为核心的人工智能产品正逐渐被应用于各大领域，包括在移动设备、汽车、家居等 C 端的应用，以及在客服、教育、医疗、金融等 B 端的应用。例如，科大讯

---

① 马计，杭波，范久波. 基于语音技术的听觉认知功能评测方法研究与实现［J］. 中国数字医学，2014（5）：75.

飞开发的智慧法院庭审系统、智慧医疗等系统，通过智能语音技术的应用，在一定程度上替代了人工服务，提升了工作效率和服务水平。

1. 现场客服

国外不少机场和航空公司在地面客服中引入了语音机器人。如日本东京羽田机场的机器人"佩珀"精通日语和英语，其语音识别系统可以通过语音识别，自动选择相应的服务语言。

在我国轨道交通领域中，合肥地铁添置了语音自助售票机，乘客可以通过触发语音按钮实现出行导航、站点定位、票价咨询、换乘查询等功能；郑州地铁引进了机器人"晶晶"；广州地铁引进了智能机器人"YoYo"。这些智能机器人可以通过语音交互提供简单的问询服务，包括换乘路径、线网首末班车查询、出入口公交信息查询等。

2. 语音质检

在金融行业，智能语音质检系统的应用实现了工作人员与客户通话内容的全量转写，以及利用关键词检测、静音检测、语速检测、情绪检测等功能，构建质检规则，可对工作人员的业务能力、服务态度等进行全面质检，并提供标准的话术支持。该技术在银行方面的应用案例较多。如浦东发展银行信用卡中心的可视化质检系统利用语音分析技术，将运营工作中积累的大量有业务价值的客服语音数据转化成文本，并对文本进行了深入的数据挖掘和分析，从而可以快速发现有问题的录音，提高客服检测质量的工作效率，加大语音客服质检的威慑力。应用此系统后，质检员的工作效率较应用前提升了近 2.2 倍，质检覆盖率较应用前提高了 60 倍，客户满意度得以显著提升。

3. 语音热线

欧美的大型电信公司、主要商业银行、航空公司，其呼叫中心均是智能语音技术的应用者，近 80% 的企业用户对智能语音系统感到十分满意或满意。支付宝热线目前已经用纯语音交互流程全面代替了传统的按键流程，智能语音客服会根据用户的描述判断用户的意图，可为不同需求的用户提供快速的直达服务，或向用户直接推送自助解决方案。一旦发现用户问题属于紧急问题，则将问题直接转给对应业务线的人工客服予以处理。

（三）智能语音技术在城市轨道交通客服中的应用需求

城市轨道交通客服主要由车站客服和热线服务两部分组成。目前，城市轨道交通的客服主要依靠人工来完成，存在工作量大、服务质量难以控制等问题。智能语音系统可在一定程度上弥补人工服务的不足，为乘客提供高效率、高质量的服务。

1. 车站客服

目前，城市轨道交通车站客服主要通过人工实现。车站为乘客提供的客服主要包括问询服务和票务服务。其中，问询服务为乘客提供出行咨询和车站相关服务释疑；票务服务则为乘客提供与票卡相关的服务。

乘客在车站内需要的问询信息及票务服务内容如图7—1所示。总体来看，常态的服务工作主要是为乘客提供出行路径、列车线路等信息；在非常态情况下，则需要为乘客提供实时的线路、列车、替代出行方案等信息服务，以及退票、发放致歉信等票务服务。

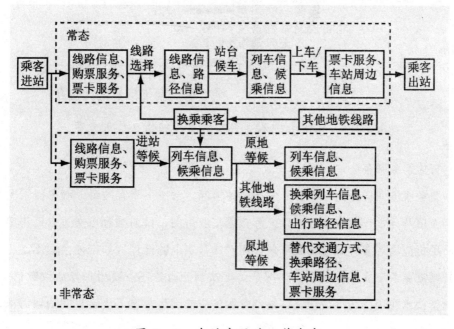

图7—1　车站客服的工作内容

相应地，车站客服的智能语音应用需求可划分为智能问询服务和智能票务服务两方面。

（1）智能问询服务

车站的智能问询服务可以分为常态和非常态两种情况。常态情况下的问询服务是指列车、车站正常运营情况下向乘客提供的问询服务，主要包括列车运行信息和出行路径指引信息、站内空间布局和服务设施位置信息、车站周边地理信息和换乘交通信息等内容；非常态情况下的问询服务是发生列车延误、突发大客流等异常情况时为乘客提供的问询服务。非常态情况下乘客需要的问询服务信息通常集中在列车延误时间、后续列车运行间隔、站台拥挤情况、其他线路运行信息等方面。经调查，上海轨道交通乘客在非常态情况下车站主要问询服务信息需求的比例如图 7—2 所示[①]。在智能语音技术应用的初期阶段，智能问询服务应能满足常态情况下的乘客问询服务需求。

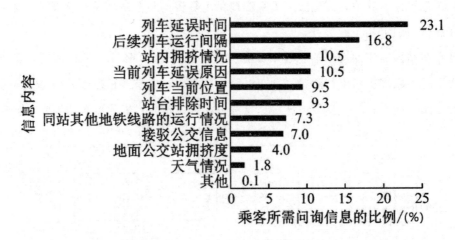

图 7—2　非常态情况下车站乘客问询信息比例分布

（2）智能票务服务

车站票务服务同样分为常态和非常态两种情况。常态下乘客的票务服务需求主要是购票、票卡充值及异常车票的处理。以上海轨道交通为例，目前乘客可通过自助售票机、人工售票、手机应用等多种渠道购买车票，而对异常票卡的处理（如卡内余额不足、进出站异常等）则需要人工完成。非常态情况下，车站票务服务还需要增加发放致歉信等功能。在智能语音技术应用的初期阶段，智能票务服务应能满足常态下语音自助购票需求以及异常票卡的自助处理需求。

2. 轨道交通热线服务

轨道交通热线客服的工作可以分为两个部分，即通过客服热线为乘客提供服务和对客服人员服务质量的监测评估。

（1）轨道交通服务热线的服务内容

根据服务内容的不同，轨道交通热线服务可分为咨询、求助、表扬或投诉、建议等四个类别。

①咨询类热线。指乘客通过电话及其他方式询问与轨道交通相关的信息。咨询类热线的常见内容包括：

a. 与列车相关信息，包括列车首末班车、列车运行状况等；

---

①艾文伟，胡溇，陈悦勤，等. 智能语音技术在城市轨道交通客运服务中的应用［J］. 城市轨道交通研究，2021，（03）：152—157.

b. 与车站相关信息，包括车站内部设施及周边信息、换乘路径信息等。

c. 与公交卡相关信息，包括票卡种类、票价、票卡的充值及维修、退卡、优惠活动等；

d. 条例及规章制度信息，包括轨道交通管理条例的携带物品规定及其他信息等；

e. APP（应用程序）使用的相关信息，包括 APP 的操作方法、异常问题处理方法等。

②求助类热线。指乘客通过热线及其他方式向轨道交通运营企业寻求帮助。求助类热线的常见内容包括寻人、寻物，或寻求其他帮助等。

③表扬、投诉类热线。指乘客通过电话对列车运营、车站设施、车站环境、人员服务等进行表扬或投诉。

④建议类热线。指乘客通过电话为轨道交通运营提出建议。常见的建议内容包括服务设施改善、列车运能提升等。

目前城市轨道交通人工客服热线的工作流程如图 7-3 所示。乘客通过电话接入热线客服中心，工作人员首先询问乘客需求，然后根据乘客所需的信息内容分类创建工单，并为乘客提供信息服务；要分发至其他部门的工单，在人工审核后分发至相关部门，用以解决乘客反映的问题；在问题解决并反馈于乘客后，通过人工确认的方式完结工单。运营单位的客服部门会定期抽检接线人员的通话录音，对工作人员的通话态度是否良好、是否符合标准、用语是否文明等进行评估，并将通话服务的改进意见反馈至工作人员，至此热线服务的整个工作流程结束。

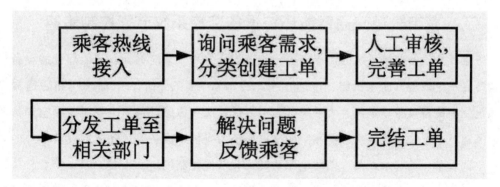

图 7-3 轨道交通人工客服热线的工作流程

（2）轨道交通服务热线的功能需求

热线服务对智能语音技术应用的需求主要包括智能客服功能和智能质检功能两方面：

①热线的智能客服。热线的智能客服系统要具备的基本功能包括：

a. 自助语音服务。通过智能语音为乘客提供自助服务，提供简单问题的解答方案，如咨询类问题。

b. 语音识别转成文字。将通话音频内容自动转写生成文字，实现语音内容全面覆盖。

c. 自主创建工单。根据乘客自助语音录音或工作人员人工通话内容，自主创建热线工单，省去人工创建工单的过程。此外，智能语音技术还应具备检查工单内容是否完整的功能。当工单内容不完整时，可通过智能语音或文字提示工作人员的方式进一步完善工单。

d. 方言和外国语识别。需要兼顾满足普通话、方言和主要国际语言的识别功能，为乘客提供自助语音服务或为工作人员提供文字提示，帮助工作人员理解乘客语义，提升工作效率。

②热线的智能质检。热线的智能质检需要具备的基本功能包括：

a. 内容检索。可通过指定关键词对待质检语音进行检索，实现低成本、高效率的质检目的。如可以设置话术用语、礼貌用语、禁忌语等关键词来实现语音质检。

b. 情绪分析。通过分析接线人员的语气、语调等信息，实现对接线人员情绪波动情况的识别。

c. 语速分析。对接线人员的通话语速进行检测。可根据话术，设定完成时间，帮助接线人员客服控制语速快慢，以达到令客户舒适的应答语速。

d. 静音分析。可根据坐席是否及时应答、业务是否熟练，以及等待时间长短等信息来检测通话的有效时长，以此分析接线人员业务熟练情况、服务态度等。

e. 统计分析报告。根据通话质检结果自动生成每个接线人员的工作表现统计分析报告，为接线人员绩效考核、工作改进提供定量参考依据。

二、城市轨道交通智能环控设备监控系统节能控制策略

智能环控设备监控系统的监控内容分为节能部分和非节能部分。节能部分的设备包括空调冷源系统设备（冷水机组、冷冻水泵、冷却水泵、冷却塔、电动阀门和变送器等）、大系统变频设备及联动风阀、大系统（含出入口）所有传感设备、小系统变频空调器及其联动风阀、小系统风管传感设备和空调冷源系统所有传感设备等。除节能设备以外的其他通风空调设备、给排水设备、消防电源均纳入非节能控制模块。

智能环控设备监控系统采用分层分布式架构，在车站控制室端的环控电控室内设置一套冗余的 PLC 控制器，在另一端设置分布式 I/O。BAS 系统的主干网络是光纤自愈环形以太网，智能环控设备监控系统是环形以太网的重要一环，其网络架构如图 7-4 所示。通过对系统架构和接口的整合优化，强弱电一体化，与综合监控直连，从而减少外部接口。智能环控设备监控系统不独立构建全线网络，其冗余控制器通过四个以太网接口与综合监控系统交换机连接，实现与综合监控系统的集成，从而利用其组建全线监控网络。智能环控设备监控系统以冷水机房综合能效比、空调系统综合能效比等多项指标均作为节能

控制目标。

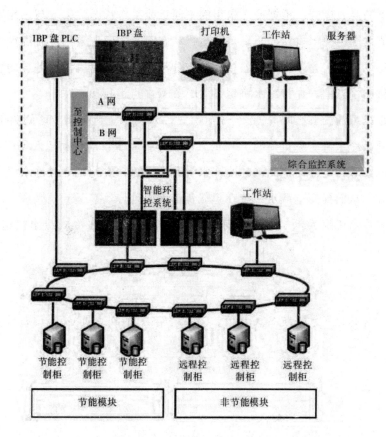

图 7-4　智能环控设备监控系统的网络架构

（一）节能考核目标

采用水冷系统总冷量不超过 2 326 kW 的车站和集中冷站的制冷机房全年平均综合制冷性能系数（COP）不应低于 5.0；总冷量大于 2 326 kW 的车站制冷机房全年制冷性能系数（COP）不应低于 5.2；车站空调全系统 COP 值不低于 3.5。

（二）空调水系统节能控制策略

智能环控设备监控系统空调水系统模式由节能模块内部下发，节能模块内置节能控制策略，节能控制系统根据末端冷负荷大小自动调节空调水系统运行模式。空调水系统节能控制策略可以从冷水机组控制、冷冻泵控制、冷却水系统控制和压差旁通装置控制四个方面开展。

1. 冷水机组节能控制策略

因空调大小系统共用一个冷冻机房，大系统和小系统使用冷水时，冷水机组均须开启。根据系统负荷的匹配性，充分分析通风系统负荷数据，通过负荷均分控制保证冷水机组在全工况下的高效运转。根据冷水机组的不同负荷工作状态，采取与之相匹配的控制方案，提高节能效率。冷水机组处于高负荷运行状态下时，优先采用冷凝温度控制；处于低负荷运行状态下时，优先采用定温差控制。充分利用不同时间段温度差异的特点，采取相应的冷却水供回水温差，保持冷水机房 SCOP 在最高点运行。

变频冷水机组的调节区间为 30%～100%，冷水机房负荷率调节区间为 15%～100%，当夜间负荷低于冷水机房总负荷的 15% 时，智能环控系统自动启动超低负荷水蓄冷模式运行，采用冷冻泵单独运行，优先消耗冷冻水管路余冷的方式，再开启冷水机组、冷却泵及冷却塔的方式，从而提高空调水系统在超低负荷下的运行效率。

以水冷式冷水机组为例，通过机房 COP 值的寻优实现水冷式冷水机组的高效运行，计算公式如下：

$$COP_{机房} = \frac{Q_{主机冷量}}{W_{主机} + W_{冷冻水泵} + W_{冷却水泵} + W_{冷却塔}} \tag{7-1}$$

同时应计算并显示水系统 SCOP 值、全系统 COP 值和主机 COP 值，计算公式如下：

$$SCOP = \frac{Q_{主机冷量}}{W_{主机} + W_{冷却水泵} + W_{冷却塔}} \tag{7-2}$$

$$COP_{全系统} =$$
$$\frac{Q_{主机冷量}}{W_{主机} + W_{冷冻水泵} + W_{冷却水泵} + W_{冷却塔} + W_{大系统} + W_{小系统空调}}$$
$$\tag{7-3}$$

$$COP_{主机} = \frac{Q(制冷能力，kW)}{W(耗电功率，kW)} \tag{7-4}$$

2. 冷冻泵节能控制策略

利用冷冻水总供水管道和总出水管道的温度变送器和压力变送器采集冷冻水供回水温度，并计算出温差，为保证冷冻水供回水温差维持在预设的温差值，可以使用 PD 或其他智能算法来调节冷冻水泵的运行频率。当实际供回水温差高于目标值时，则提高冷冻水泵运行频率，增大水流量；当供回水温差低于目标值时，则降低冷冻水泵运行频率，减小水流量。同时智能环控设备监控系统实时监测各末端的供回水压差，如果末端最小供回水压差不够则优先提高冷冻水泵的运行频率。采用定温差和最小压差保护相结合的控制策略，从而实现对冷冻水泵运行频率的自动调节，使冷冻水系统运行在按需供应的最优状态，即大温差、小流量的工作状态。

3. 冷却水系统节能控制策略

冷却水系统的主要功能是实现车站冷却循环。冷却水泵充分结合冷水机组的运行负荷状态和控制策略，采用变流量控制方式。根据冷却水变流量与冷冻机房 COP 的关系曲线，判断出任意冷水机组运行负荷状态下，冷却水流量的最优解，从而调整冷却水泵的运行频率，实现冷却水泵的变流量控制。同时，在室外湿球温度较低和较高的时间段，采用不同的供回水温差控制，从而有效减少冷却水泵的电能消耗。

当冷却塔对应的进、出水蝶阀均开启时，冷却塔风机可启动自动运行模式。设定一个湿球温度逼近度，当实际湿球温度逼近度大于设定值时，冷却塔风机提高运行频率；当实际湿球温度逼近度小于设定值时，冷却塔风机降低运行频率。在这种控制策略下，可以实现在冷水机组正常运行的情况下，冷却水进水温度逼近室外湿球温度，从而有效提高冷水机组的 COP 值和运行效率，提高节能效率。

对冷却塔、冷却水泵变频，应通过机房 COP 值的寻优，保证冷水机组的高效运行，实现机房 COP 值最高，计算公式如下：

$$\text{COP}_{全系统} = \frac{Q_{主机冷量}}{W_{主机} + W_{冷冻水泵} + W_{冷却水泵} + W_{冷却塔}} \tag{7-5}$$

4. 压差旁通阀控制策略

压差旁通阀自身具备压差控制开度的功能。智能环控设备监控系统利用总管冷冻水供回水压差设定冷冻水泵调节和压差旁通阀调节的优先级。若冷冻水供回水压差低于设定值时，智能环控设备监控系统关闭压差旁通阀，再提高冷冻水泵运行频率。当冷冻水供回水压差高于设定值时，则智能环控设备监控系统减小冷冻水泵运行频率，再增加压差旁通阀开度。同时冷冻水流量不满足单台冷水机组额定流量的 50% 时，智能环控设备监控系统自动启动压差旁通阀，从而保证冷水机组的最小流量。

（三）通风系统节能控制策略

车站运营时间内空调大小系统主要有三种运行模式：空调季节小新风模式、空调季节全新风模式、非空调季节通风模式。一般情况下，车站空调大小系统运行模式由综合监控系统时间表定时下发，综合监控系统时间表由环调系统写入。

1. 空调大系统节能控制策略

（1）空调大系统风机模式控制策略

空调系统的运行模式由智能环控设备监控系统的节能策略来实现自动切换。优化季节工况模式判断，系统存储之前一天的室外焓值及温度，并实时采集当天的焓值及温度，高效机房节能控制系统根据存储的历史数据与当前采集的数据进行分析，并预测当天的焓值及温度变化趋势，估算出当天的室外平均焓值及温度。通过室外焓值与大系统回风焓值，智能环控设备监控系统从上述三种模式之中选择最优模式，并将该模式号发送给非节能模块，由非节能模块将该模式下的风阀执行到位（要求开启的风阀开启，要求关闭的风阀关闭）。执行成功后将该模式下的执行结果发送到节能模块，节能模块接收到相应的结果后再开启大系统风机、大系统组合式空调机组和大系统风机连锁风阀等设备。

（2）空调大系统风机频率控制策略

空调大系统中的组合式空调器、小新风机和回排风机的运行频率均在 25～50 Hz 之间。通过 PID 和滑模控制等智能控制实现风机频率的精确调节。

在空调季节小新风模式下，站内回风温度等于目标温度是空调大系统控制的调节目标。当站内实际回风温度大于目标值时，则提高变频空调器的运行频率，增大风量；当站内实际回风温度小于目标值时，则降低变频空调器的运行频率，减小风量。

在空调季节全新风模式下，平均温度等于目标温度是空调大系统控制的调节目标。当站内实际平均温度大于目标值时，则提高变频空调器的运行频率，增大风量；当站内实际平均温度小于目标值时，则降低变频空调器的运行频率，减小风量。

在非空调季节通风模式下，当 12℃ 小于等于室外温度小于等于送风温度时，组合式空调器频率的调节目标是站内平均温度等于目标温度。当站内平均温度大于设定值时，则提高组合式空调器的运行频率；当站内平均温度小于设定值时，则降低组合式空调器的运行频率。当室外温度小于 12℃ 时，按照车站内外温差小于等于 13℃，且运行频率大于等于 25 Hz 的状态，调节组合式空调器的运行频率维持最小风量运行。

在空调季节小新风模式下，通过公共区 CO_2 浓度值对小新风机运行频率进行调节。当公共区 CO_2 浓度值在 1 000～1 200 ppm 时，小新风机的运行频率调节至 50 Hz；当公共区 CO_2 浓度值在 800～1 000 ppm 时，小新风机运行频率调节至 37.5 Hz；当 CO_2 浓度低于 800 ppm 时，小新风机运行频率可调节至 25 Hz。根据通风系统风量平衡公式求出回排风机风量，即回排风机风量＝组合空调器送风量－小新风机风量，从而推导出回排风机所需工作频率。

2. 空调小系统风机频率控制策略

小新风、全新风模式下智能环控设备监控系统根据小系统 AU 的回风温度控制二通调节阀的开度，当二通调节阀开度小于该 AHU 的变风量允许开度，系统优先降低变风量小系统空调 EC 风机转速；当二通调节阀开度大于该 AHU 的变风量允许开度，系统优先升高变风量小系统空调 EC 风机转速。节能模块根据每台变风量小系统空调的特点设置 EC 风机转速下限，确保变风量小系统空调的最低风量需求。

通风模式下，小系统空调频率根据室外温度采用不同的风量定风量运行。回排风机根据风量平衡调节，确保送风量＝回风量＋新风量。

智能环控设备监控系统根据串级控制调节小系统送风机频率。系统负荷升高时，优先调节二通阀开度，二通阀开度达到最大后，再调节小系统送风机频率。系统负荷降低时，优先调节小系统送风机频率，小系统送风机频率达到最低，再调节二通阀开度。

第四节　智能照明控制与供电设备智能化

一、城市轨道交通车站智能照明控制系统设计

（一）城市轨道交通车站智能照明控制系统的设计需求

从当前城市化建设实际情况来看，城市轨道交通是一种长期、持续性运营的交通方式，很多城市轨道交通车辆在地下复杂环境中运行，照明是轨道交通车辆的重要组成部分。如果仍沿用传统照明控制系统，容易受多种因素（如人员操作失误、运营管理限制或地下运营环境）影响而导致城市轨道交通车站照明无法依据实际运营需求来实现节能化控制。

智能照明控制系统已经在很多城市轨道交通项目中得到有效应用，并且表现出了高度的自动化与智能化特点。研究城市轨道交通照明相关技术和需求，可以为城市轨道交通车站智能照明控制系统的设计提供一些参考。目前，城市轨道交通车站智能照明控制系统的具体需求如下：

1. 系统兼容性需求

城市轨道交通系统是较庞大的系统，其需要覆盖整个城市。系统内部由多种不同组件构成，各组件往往由不同生产厂家提供。为了在各组件与控制主机之间建立稳定的通信联系，智能控制系统必须解决兼容性问题，以维持整个系统的稳定运行。

在城市轨道交通车辆运营过程中，大部分乘客对乘车舒适度有较高要求，业主对运营经济性的要求也不断升级。提升智能照明控制系统的兼容性，能够帮助技术人员完善整个系统的功能，为乘客和业主提供"双赢"的设计方案。

2. 系统维护需求

轨道交通车站智能照明控制系统各部分组件是独立运作的。如果某一组件发生故障，不会对其他组件造成干扰，也不会影响其他组件的运行稳定性，故障不会扩大，这可以满足城市轨道交通对照明控制系统的功能要求。

当城市轨道交通车站智能照明控制系统发生故障需要维护时，技术人员只需要修改少

量代码就可以调整组件功能，从而避免工程现场重新进行布线等复杂过程带来的资源与能源浪费。这在很大程度上节约了劳动成本与时间成本。

3. 系统监控能力需求

城市轨道交通车站内部环境相对复杂，并且有着明显的层次性。很多换乘车站的客流量变化较大，导致其照明控制场景更具复杂性。因此，要重点考虑各城市轨道交通车站客流量的变化情况，并做好突发事件的应对。要依据实际运营状态进行车站智能照明控制系统的实时监控，以提高车站整体的安全性和车辆运行的稳定性。为了防止部分电路发生故障而对其他部分电路正常运行产生影响，可以增设电流阈值比较判读逻辑来维持城市轨道交通车站的有序运营。

（二）城市轨道交通车站智能照明控制系统的优势

1. 多模式控制和低能耗

城市轨道交通车站智能照明控制系统的设计与应用可实现定时器与装置、传感器等设备的联动，并且通过设定照明设备实际位置编码可做到照明系统多模式控制。在操作过程中，可依据多地点控制功能进行智能化操控，能够在车控室或配电箱现场等地点，对几百个回路的照明实施监控，并随时进行不同场景照明的检查，关闭不必要的照明灯具，从而降低照明能耗。

2. 低成本和易维护

城市轨道交通车站智能照明控制系统的成本较低，主要体现在工程格局变化适应性较高。一旦车站空间布局变化，需要改变照明灯具控制范围时，可在不调整布线的情况下，只使用无线地址程序设定器更改和设定控制面板的群组模式地址。

相比于传统照明系统，使用智能照明控制系统布线能够减少电线数量，降低施工难度，使整个施工过程更加简单快捷。智能照明控制系统配备的配电柜的每一个回路都对应单一遥控电磁开关，当系统需要更换开关时，可以更换单个电磁开关，而开关功能可在配线完成后再设定。这大大缩短了维护时间，维护难度更低，也更便利。

3. 强拓展性和可靠性

城市轨道交通车站智能照明控制系统主要是总线控制系统，总线可无极性、自由拓扑连接，使用两根信号线能够连接所有面板，形成完整网络，并利用脉冲信号控制照明。各系统容量指数高达 256 个，最多能够拓展为 31 个系统，也就意味着可实现多达 8 000 个地址的智能控制。

智能照明控制系统还具有较强大的可靠性和抗干扰性，其主要采用梯形波脉冲信号。

控制系统运行能力分析时使用的仿真平台功能多样，平台界面简洁直观，并采用开放数据结构，可在多种信号系统的支持下，针对不同车型和轨道线路进行牵引计算、闭塞设计和线路运行分析，借助 CAD 等技术可实现仿真结果人工调整，使整个平台具有更强的灵活性和通用性。

（三）城市轨道交通车站智能照明控制系统的设计方案

1. 控制策略设计

城市轨道交通车站智能照明控制系统主要对公共区域照明进行智能控制。要结合各地区城市轨道交通车站公共区域布局情况，将智能控制系统嵌入轨道交通车站的照明系统，使其能够完全贴合车站实际运营特点与环境特点，并采取有效的控制方式实现多样化控制，从而为乘客提供更人性化的服务，实现城市轨道交通车站运营管理的高效化。

须使用人工智能算法建立照明自动化控制模型，并将影响乘客舒适度的客流量、照明强度、温度等环境参数作为模型建立的输入参数，通过大量运营数据训练模型，进行短期内车站各区域环境照度智能化调整和照明控制结果的预测。具体流程如下：

①初始化，进行各项参数数据的输入。

②设置场景模式。针对场景模式进行环境光照度的监测，如光照度合适，确定灯具状态，包括环境参数产生的影响。如光照度不合适要依据环境中温度、自然光照度与客流量等因素，调整灯具状态。

2. 控制模式设计

城市轨道交通车站采用的传统照明控制系统的控制模式较单一，随着现代城市建设规模的不断扩大，城市轨道交通车站覆盖范围也越来越广，客流量也与日俱增。车站公共区域照明控制效果对乘客乘车体验和乘车安全有直接的影响，须注重改进照明控制的智能化程度，这也是当前城市轨道交通车站照明系统设计中必须关注的重点，更是智慧城轨和智慧城市建设的关键内容。

（1）灯具监控系统设计

照明控制系统须对各灯具状态进行远程控制和实时监控，以满足车站多种运营场景的照明需求，也便于相关维修人员进行照明控制系统的故障排查和调整。在智能照明控制系统的设计中，技术人员可采用编程方式来增强灯具监控系统的监控功能，并提高控制系统与用户可视化的交互水平。

（2）照明场景控制设计

城市轨道交通车站有位于地面的轻轨车站和地下的地铁车站，设计智能照明控制系统时必须充分了解各车站所处位置的特点，通过自然光照与人工照明的平衡协调来实现照明的节能化。例如，设计轻轨车站照明控制模式时，可通过感光元器件实时测量自然环境中的光照强度，对自然光照过强区域可实施遮光处理，对光照度不足的区域设置照明设备，以实现光照度补偿。

传统城市轨道交通车站照明控制系统使用的照明灯具，在运行时无法依据客流量变化来实现动态调整，导致电力能源的浪费。因此，为根据实际客流量采取匹配场景的智能化照明控制策略，可建立客流量信息数据库，使智能照明控制系统能够依据运营时刻表预测公共区域内的客流量，并控制照明灯具。在客流量较大的时间段，开启所有照明灯具，确保乘客出行安全；在客流量较小的时间段，适当减少照明灯具启动量，以此降低电力能源消耗。为了方便清洁人员在车站运营结束后进行清洁打扫，照明控制系统可只开启满足基本照明要求的灯具量。

（3）应急照明模式设计

为了确保乘客人身安全，避免突发事件发生时乘客发生慌乱，须在城市轨道交通车站配备较完善的应急照明模式，将其设定在智能照明控制系统中。当突发事件发生时，照明控制系统快速切换至应急照明模式，并控制照明灯具使用特定颜色灯光有序引导乘客转移到安全区域，以确保乘客安全。

（四）城市轨道交通车站智能照明控制系统的应用前景

根据当前城市轨道交通车站智能照明控制系统的实际应用数据，在社会各界，尤其是照明设备生产企业对智能照明控制系统相关技术的研究和大力开发的推动下，智能控制照明系统相关技术成果越来越多，并且对智能控制系统相关技术的应用也越来越成熟。智能照明控制系统具有节能降耗和成本较低的优势，使得大范围推广和实践应用成为可能。

对比传统轨道交通照明控制系统与智能照明控制系统可以发现，智能控制系统在城市轨道交通车辆运行和地下隧道应用中有着明显优势。大部分地铁和轨道交通车站在地下环境中运行，无法采光，整体采光性较差，须使用大量照明维持运营。在传统设计中，地铁车站站台、公共区域采用的是普通灯具。

随着照明设备行业的快速发展，新型照明灯具开始取代普通灯具，如节能照明灯具，其内部往往是半导体材料作为核心。在节能照明灯具中，通过载流子复合可以发出大量能量来提供光源，又被称为半导体照明灯具。半导体照明灯具有明显的节约能源的特点，而且灯具使用寿命较长，是绿色照明灯具。其不同于传统照明灯具，可以与智能照明控制系统完美契合。智能照明控制系统可以对照明设备进行通电控制，调节灯具发出灯光的强弱，从而结合自动感光设备进行实时调节。

二、城市轨道交通供电设备运维智能管控系统

（一）城市轨道交通系统建设

城市轨道交通系统由高压输电网、主变电所降压、控制网、牵引变电所降压等组成。调度中心提供照明、电源和测试维修等电能，并负责各主要变电站（牵引变电站、降压变电站）的系统配置、电力电缆、接触网或轨道、供电系统的电源监控。供电系统具有关键的连续行驶条件，对交通控制的整体安全性具有关键影响。

（二）供电系统维护技术现状

据调查，前端管理电源管理部主要采用"计划检查"和"故障检查"。检查维修和故障检查两种检查维修模式的联合运营也被认为是每个运营公司之前最有效和最普遍的检查维修方式。第一，供电系统的大部分故障是由于断路器和开关的绝缘性能降低和机械性能降低造成的。第二，检查模式和检查频率的错误选择大大缩短了设备的使用寿命。第三，在计划检修制度下，技术创新受到一定程度的抑制。工厂的维护人员将长期进行定期、定性和定性检查，以便员工按照订单的顺序进行订购，并变得更加正式，忽略技术创新。第四，即使供电设备状况不佳，也无法预测故障点进行检查，消除了安全隐患。第五，随着人力成本上升，业务量增大，对配电运维的需求越来越大，采用传统手段进行配电运维服务已经不能满足优质服务，快速服务的目标。

第四，即使供电设备状况不佳，也无法预测故障点进行检查，消除了安全隐患。

第五，需要越来越多的人力资源来维持城市线路网中大型河流工作人员的需求。维护设备对管理和维护的需求越来越大。

（三）提升城市轨道交通供电设备智能运维水平的必要性

城市轨道交通供电系统的构成主要包括动力电缆、变电所、电力监控等部分。供电系统只有保持持续的、正常的运行状态，才可能保障轨道交通的正常运行，对轨道交通运行的安全性、连续性有着直接的影响。

1. 传统运维模式的不足

城市轨道交通持续发展，供电系统设备维护工作难度也越来越大。由于设备分布比较广，所以，维护作业较为复杂，涉及各种专业学科，供电设备的维护成本、维护要求以及

维护频次都在不断上升。在传统的运维模式下，针对城市轨道交通供电设备进行定期或者是事后检修，这样的模式无法满足当下城市轨道交通可持续、智能化发展的相关要求。传统的供电系统运维模式主要具有以下几方面的不足：第一，运维管理效率低下；第二，运维工作投入的人力资源不足，存在人力瓶颈；第三，从整体上来看，运维数据较为分散，对于数据分析和应用的能力不足；第四，没能够实现对供电设备运行管控的闭环管理；第五，各个系统之间缺乏有效联系，没有实现全景式的监控平台。为了保证城市轨道交通运行的可靠性和安全性，就必须依据城市轨道交通供电系统组成、运营以及维修等实际特点，创新建立起一种能够实现供电系统智能运维的信息化平台，对城市轨道交通供电设备实行全过程、全方位式管理。

2. 智能运维优势

近年来，我国城市化建设步伐持续加快，城市轨道交通建设也随之而完善。城市轨道交通供电设备运维实现智能化管理，有利于推动轨道交通的可持续发展，提高其安全舒适性和便捷性。新时代城市轨道交通供电设备的运行维护管理应当同时代发展的目标结合起来，依据时代发展的要求以及行业的变化，提升运行维护方案的科学合理性，推动我国城市交通建设的进步。建立城市轨道交通供电设备智能运维平台，有利于为供电系统设备的运营维护提供科学的决策支持，提升供电系统智能化管理水平，从而使得现场供电设备的维护管理更加全面智能、及时准确，节省人力管理成本，使供电设备的管理更加高效、经济。

（四）城市轨道交通供电设备运维智能管控系统构建方案

1. 轨道交通供电设备智能运维系统概述

建立城市轨道交通供电设备智能运维系统，能够借助智能运维平台实现对供电设备数据的共享以及关联，依据设备运维监控的数据以及具体的生产管理要求而生成系统作业要求，借助高科技设备，对供电设备的生产流程实施全过程监控和自动记录，以此能够使城市轨道交通供电系统满足更高效、更严格、更安全的运营维护要求。供电设备监控以及生产管理应该实现以下几方面的数据共享：第一，生产作业过程当中涉及的各种数据，包括生产人员的资质履历数据，使用器具的合格数据以及试验仪表仪器的标准数据等；第二，生产管理各个环节涉及的数据，例如设备图纸的资料，维护作业的相应标准以及标准流程操作、年度生产计划等；第三，实施全过程监控中，轨道交通供电系统变电所自动系统当中设备运行的包括故障信息在内的历史统计数据。在应用供电设备智能运维系统后，能够对整个供电系统设备的生命周期状态达到高度掌握，例如，在日常生产计划实施后，能够对物资库存以及工时进行自动更新，能够自动化生成供电设备的差异维修计划，能够自动匹配设备故障的维修专家系统等。

2. 供电系统智能运维平台的具体构成

城市轨道交通供电系统智能运维平台，能够实现所有供电设备的实时动态监测，能够实现对所有供电设备运行实时数据的传输以及处理，还能够实现设备故障的智能分析与处理。利用智能运维平台，能够有效地对生产计划中人员、材料以及生产流程等各方面要素进行有效控制，总之，能够大大提高供电系统运维效率。供电系统智能运维平台的具体构成包括人事管理、综合管理、任务池、维修中心等部分。"人事管理"功能能够对所有生产人员的持证情况进行详细记录，并且对其证件的有效期限进行自动检索，证件接近失效期时会自动提醒；"综合管理"模块主要储存供电系统线路维护的相关资料，能够对生产管理文件、备品、备件等的储存情况以及合格期等进行分析；"任务池"模块主要可依据相关的权限管理，由专门的人员发起、审批相关的生产任务；"维修中心"对所有供电设备的履历进行了详细记录，包括设备的历史维修数据，能够在生产计划执行中对设备履历对应的技术参数进行自动检索，维修工作结束之后对设备履历数据进行自动更新。

3. 科学合理配置维修设备，加强故障预测管理

城市轨道交通供电系统的运行维护管理工作必须在科学合理配置维修设备的基础之上进行。专业的维修工具能够保证系统维修的效率，并且制定科学合理的维修决策。供电设备在实际的运行过程当中会受到各种因素影响，如果不重视运行管理，那么可能会导致供电设备出现各种故障，从而影响轨道交通的正常用电，导致轨道交通陷入停滞甚至瘫痪，给城市居民出行造成不良影响，同时带来巨大的经济损失。所以，为了解决好当前城市轨道交通供电系统运维过程中存在的问题，就必须加强故障预测管理，优化每一个环节的工作，进行全面化分析，制订长期的、科学的监测方案，对供电设备电流电压等关键数据进行动态化的监测。还可以根据供电设备的运行实际情况，构建起相应的寿命模型，掌握所有供电设备的使用寿命，针对那些老化比较严重的设备，应该进行及时的维护与更换处理，避免因为设备性能故障而导致城市轨道交通供电系统的整体安全稳定运行受到影响。

参考文献

[1] 丁小兵．轨道交通运营安全与管理［M］．北京：中国铁道出版社，2022.

[2] 孙玥，阴法明．城市轨道交通运营安全［M］．北京：人民邮电出版社，2022.

[3] 崔联云．城市轨道交通运营管理［M］．第 2 版．北京：中国铁道出版社，2022.

[4] 李军，高涛，王亮．城市轨道交通运营线路结构监测技术与管理指南［M］．北京：中国建筑工业出版社，2022.

[5] 耿幸福，崔联云．城市轨道交通运营安全［M］．第 3 版．北京：人民交通出版社，2022.

[6] 史富强，秦孝峰．城市轨道交通运营安全管理［M］．武汉：华中科学技术大学出版社，2022.

[7] 陶艳，朱闻名．城市轨道交通供电技术［M］．第 2 版．北京：机械工业出版社，2022.

[8] 王吉峰．城市轨道交通供电综合自动化技术［M］．第 2 版．成都：西南交通大学出版社，2022.

[9] 李璐，陈聪聪，徐石．城市轨道交通概论［M］．北京：北京理工大学出版社，2022.

[10] 宋建业．轨道交通概论［M］．北京：中国铁道出版社，2022.

[11] 金丽斯，张再利．轨道交通电工电子技术［M］．北京：中国铁道出版社，2022.

[12] 回文明．城市轨道交通供电技术［M］．东营：中国石油大学出版社，2021.

[13] 何正友，麦瑞坤，李勇．轨道交通无线供电技术［M］．北京：科学出版社，2021.

[14] 慕威．城市轨道交通运营组织［M］．第 2 版．上海：上海科学技术出版社，2021.

[15] 刘志钢，丁小兵．城市轨道交通运营安全管理［M］．北京：中国铁道出版社，2021.

[16] 彭湘涛，宋以华，董捷．城市轨道交通运营安全管理［M］．上海：上海科学普及出版社，2021.

[17] 李建明．城市轨道交通运营管理［M］．第 2 版．上海：上海交通大学出版社，2021.

[18] 李慧玲．城市轨道交通运营调度指挥［M］．第 3 版．北京：中国铁道出版

社，2021.

[19] 李迎春，侯德文，周阳．城市轨道交通运营安全及应急处理［M］．北京：北京交通大学出版社，2021.

[20] 耿幸福，崔联云．城市轨道交通运营安全［M］．第 3 版．北京：人民交通出版社，2021.

[21] 彭湘涛，黎新华．城市轨道交通运营安全［M］．北京：人民交通出版社，2021.

[22] 招晓菊．城市轨道交通运营安全管理［M］．第 2 版．北京：机械工业出版社，2021.

[23] 陈学武，程龙．城市公共交通规划与运营管理［M］．北京：人民交通出版社，2021.

[24] 孙晓梅．城市轨道交通运营管理［M］．北京：中国建材工业出版社，2020.

[25] 贾福宁．轨道交通运营大数据：青岛地铁线网运营管理与指挥中心应用实践［M］．北京：北京交通大学出版社，2020.

[26] 杨新征，杨远舟．城市轨道交通运营管理实务［M］．成都：西南交通大学出版社，2020.

[27] 张嘉敏．交通枢纽场站设计与运营［M］．成都：西南交通大学出版社，2020.

[28] 汪波．城市轨道交通网络运营管理方法与应用［M］．北京：人民交通出版社，2020.

[29] 陆键．交通基础设施运营安全风险管理理论与应用［M］．北京：科学出版社，2020.

[30] 何霖．城市轨道交通规划设计方法与实践：以运营需求为导向［M］．北京：人民交通出版社，2020.

[31] 邹雄，梁晓芳．城市轨道交通企业班组管理［M］．成都：西南交通大学出版社，2020.

[32] 李伟．城市轨道交通需求分析与线网规划［M］．成都：西南交通大学出版社，2020.

[33] 王星华．城市轨道交通工程学［M］．北京：中国铁道出版社，2020.

[34] 陈燕．智能环境背景下城市交通管理系统发展的创新探究［M］．北京：中国商业出版社，2020.